DON BOSCO
VERLAG

Meiner lieben Frau

Inhalt

Kunst in der Kniebeuge 8

1. Zielsetzungen 11
Der mündige Mensch 11
Kreativitätserziehung 12
Sensibilität................................ 13
Flexibilität 13
Fähigkeit, neu zu definieren 13
Ästhetische Elementarerziehung 16
Erziehung der Sinne....................... 16
Erfahrungen 16
Selbstfindung 16

2. Inhalte ästhetischer Elementarerziehung .. 18
Sensibilisierung der Wahrnehmung 19
Differenzierung der Feinmotorik der Hand 19
Bildsprache des Kindes 19
Spiel und Experiment...................... 19
Reflexion über Bilder 19

3. Das Ausdrucksvermögen des Kindes 20
Mimik 20
Pantomimik und Gestik 21
Bewegung 21
Sprache 21
Die Bildsprache 22
Beginn der Kinderzeichnung 23
Sinnzeichen 30
Die Raumordnung in der Kinderzeichnung 33
Innen und außen 33
Alle Seiten zugleich 34
Das Wichtige ist groß 34
Rot und Violett............................ 34
Deutung und Bedeutung 36

4. Motivation 38
Die Rolle der Erzieherin 39

Das kreative Kind 40
Verfahren 41
Der kreative Prozeß 41

5.1 Die Welt der Sinne 43
Sensibilisierung der Wahrnehmung 43
Tasten 43
,,Das ist viel weicher`` – Eine Tastwanderung 44
,,Das ist länglich, glatt und hat hinten Haare`` –
   Das Tastkino 44
,,Such doch einmal Deine Schachtel`` –
   Die Tastplastik 45
Schon am Morgen ein paar Streichel-
   einheiten – Die Tastwand 45
,,*Heute riecht es aber komisch*`` –
   Ein kleines Kapitel für die Nase 46
Und ein Dreieck für die Nase... – Riechspiele ... 48
,,*Das schmeckt ja schauderhaft...*`` –
   Spiele für künftige Feinschmecker 48
,,*Und dann läuft er über einen Steinboden*`` –
   Spiele zum Hören 49
,,Das ist eine traurige Melodie`` 50
,,*Ich seh' etwas, was Du nicht siehst!*`` 50
,,Der Markus ist ja winzig klein`` 51
,,Warum?`` 51
,,Wie sag ich's?`` 51

5.2 Feinmotorik der Hand 53
,,Wir tanzen mit unserem Stift`` 53
Tanz nach verschiedenen Rhythmen 53
,,Schlange, Hase, Säge`` 54
Die Hand kann alles! 54

5.3 Bildsprache 55
Methodische Überlegungen 55
Materialien 58
Selbstbildnis 59

Gemeinsam gestalten 63
Der Riese und der Hans 63
Das Auge 66
Wie groß ist der Herr Lehrer? 68
,,Ich habe Angst vor Ihnen, Frau Lehrerin!" 72
Der Martinszug 74
Wir spielen Kasperltheater 74
Der große Baum 76
Unser Viertel 76
Der Bauernhof 76
Der Zoo 77
Die Baustelle 77
Zirkus 77
Der Angstmacher 77
Kaleidoskope 78
Malen im Jahresablauf 78
Kerzen bemalen 80
Ostereier bemalen 80
Muttertagsgeschenke 80
Umgang mit Farben – ohne Pinsel 81
Bauen 81
Wir bauen eine Burg 81
Die Wohnung 82
Plastisches Gestalten 84
,,Der Eisbär aus Papier" 84
Plastilin oder Knete 84
Ton 84
Negativschnitt 85
Prägen von Folien 85
Der Ritter Kunz von Wellpappe 85

5.4 Experimente mit Materialien 86
Absprengtechnik 86
Materialdrucke 86
Spiel mit dem Diaprojektor 87

5.5 Puppen 88
Knotenpuppe & Co. 89
Fingerpuppe – Tütenpuppe 90

Fingerfiguren 91
Marotten 92
Obst- und Gemüsetheater 92
Fadenmarionetten 93
Schattenspiel 96
Figurenspiel mit einfachen Gegenständen 97
Handtheater 97
Einfaches Figurentheater 97
Kompliziertere Schattenfiguren 98
Stücke für Schattenspiel 100
Die Sprechpuppe 100
Filme als Anregung 102
Das Spiel mit Masken 103
Einfache Tütenmasken 103
Die Hutmaske 103
Zylindermasken 104
Masken aus Schachteln 104
Maske überm Luftballon 104
Nasen, Nasen 104

5.6 Betrachten von Bildern 105
,,Der arme Poet" von Carl Spitzweg 105
Methodische Überlegungen 108
Museumsbesuch 109
,,Gondola, Gondola" 110
,,Die haben ja echte Goldtaler auf der Brust" –
   Jugoslawische Trachten 112
,,Da muß was passiert sein!" –
   ,,Die Kieker" von Mac Zimmermann 114
,,Das ist ja alles aus Gold" –
   Der Schatz des Echnaton 116
,,Ich glaube, das ist ein Reiter auf einem Pferd"
   ,,Improvisation Nr. 3" von Wassily Kandinsky   116
,,Welche Farben hat eigentlich
   ein Regenbogen?" – ,,Der Regenbogen"
   von Caspar David Friedrich 118
,,Das ist mein Papa, und das ist ein Bierfaß" –
   ,,Picknick im Freien" von Pablo Picasso 118

6. Literaturvorschläge 123

Kunst in der Kniebeuge …

Erich Kästner sagte einmal, er mache Literatur in der Kniebeuge, wenn er für Kinder schreibe. In Anlehnung daran ist dieser Titel entstanden.
Er weckt – das konnte ich schon feststellen – auch andere Assoziationen. So meinte Reinhold Storkenmaier, der Lektor des DBV (dem ich für die freundschaftliche Unterstützung beim Entstehen dieses Buches sehr herzlich danken möchte): Um mit den Kindern dieser Altersschicht arbeiten zu können, müsse man sich selbst klein machen und in die Kniebeuge gehen. Man mag den Versuch selbst machen. Kinder erwarten das nicht. Sie wollen ernstgenommen sein. Es ist nicht nötig, sich zu ihnen herabzubeugen. In diesem Fall nehmen sie das als Anregung und gehen selbst auch in die Kniebeuge …
Daß Kunst nicht ,,gebeugt" werden soll, geht hoffentlich aus dem Buch hervor.
Im Gegenteil soll die große Freiheit dieses Bereichs menschlicher Äußerung in der Pädagogik Aufnahme finden – als Inhalt und Methode.
Ästhetische Elementarerziehung versteht sich dabei nicht in erster Linie als Ausbildung für irgendwelche späteren Zeiten – wie die Schulpädagogik meist arbeitet –, sie soll dem Kind sein erlebtes und bewußtes Ich ermöglichen. Es hat ein Anrecht auf sein augenblickliches Glück. Die Pädagogik darf ihm das nicht wegorganisieren. Das bedingt aber eine Erziehung vom Kind her.

Dieses Buch will Anregungen für die Praxis geben. Die Beispiele entstammen meiner nunmehr 10jährigen Arbeit mit Kindern bis zu sechs Jahren. Die Fotos machte ich während dieser Zeit. Sie sollen helfen, das Gesagte zu veranschaulichen.
Damit die ästhetische Praxis nicht nur Werkstattbericht wird, sind ein paar Kapitel vorgeschaltet, in denen ich klarzumachen versuche, warum ich so vorgehe, warum ich diese Inhalte auswähle, wie meiner Meinung nach das Kind sich ausdrückt – als Voraussetzung für die Motivation.

Mit dem Buch wende ich mich in erster Linie an die Erzieherinnen. In sehr vielen Fortbildungsveranstaltungen konnte ich meine Arbeit vorstellen und erhielt dabei viele Anregungen. Das Buch enthält aber auch manche Themen, die für Eltern und Grundschullehrer interessant sein könnten.

Bleibt mir nur mehr der Dank an die vielen Kinder und Erzieherinnen, mit denen ich zusammenarbeiten durfte, allen voran den Kindern des städtischen Kindergartens an der

8

Kemptener Straße in München und ihrer Gruppenleiterin, Elke Bolster, bei denen ich jetzt seit vier Jahren fast jede Woche zu Gast bin.

Bedanken möchte ich mich auch beim Institut für Frühpädagogik und beim Deutschen Jugendinstitut, beide in München, für gute Zusammenarbeit, bei der Bund-Länder-Kommission, die die Ästhetische Elementarerziehung in das Erprobungsprogramm aufnahm und mir dadurch umfangreiche Erfahrungsmöglichkeiten bot, beim Bayerischen Staatsministerium für Unterricht und Kultus, und nicht zuletzt bei der Stadt München, vor allem bei ihrem Referenten für die städtischen Kindergärten, Wolfgang Löscher.

Danken möchte ich Claudia Taller für die Schreibarbeiten. Ganz besonders dankbar möchte ich die Geduld meiner Frau erwähnen, vielfach bewiesen während der oft zeitraubenden Arbeit mit den Kindern.

Die ästhetische Elementarerziehung ist für mich – wie für alle Erzieher – die Chance, auf Anregung der Kinder manches in meinem Leben zu ändern, ganz abgesehen von dem großen Vergnügen, das dieses Gebiet macht.

Rudolf Seitz

Wenn Erzieherinnen bei Fortbildungen plötzlich mit der Frage nach Sinn und Zweck ästhetischer Erziehung konfrontiert werden, bekommt man nach einer kurzen Pause meist eine Fülle von Antworten, die alle einen Kern Wahrheit beinhalten: Es geht um „Spaß", „Materialerfahrungen", „manuelle Fähigkeiten", „Fantasie", „Sehenlernen" usw. Allein diese Aufzählung zeigt schon die verschiedenartigsten Ansätze und Ebenen. Kein Erzieher darf sich aber der Fragestellung entziehen. Allzu leicht verstellt eine überaktive Praxis die Antwort, warum und zu welchem Ende das alles betrieben wird. Gerade die ästhetische Erziehung gerät dann schnell in den Winkel heiler Welterfahrung, weil es eben „Spaß" macht. Mit der Begründung des Selbstzwecks kommt man nicht aus, wenn ästhetische Erziehung ernstgenommen wird.

Mit keinem Wort soll hier etwas gegen die erfreulichen Begleiterscheinungen ästhetischer Erziehung gesagt werden, daß die Kinder wirklich Begeisterung und Freude finden, daß sie mit vollem Einsatz arbeiten, daß sie regelrecht stolz sind auf ihre Ergebnisse. Das wird nicht nur nicht bestritten, es wird angestrebt. Aber hinter all den Bemühungen steht doch eine Zielperspektive; alles ist einzuordnen in eine bestimmte Weltanschauung und vor allem Auffassung des Menschen. Darüber sollte man sprechen, bevor überlegt wird, nach welcher Methode Kinder das Farbenmischen lernen sollen. Plötzlich hängt das zusammen.

DER MÜNDIGE MENSCH

Wenn in diesem Buch die Rede von ästhetischer Erziehung ist, steht dahinter die Vorstellung, daß alles auch ein Beitrag ist auf dem Weg zum mündigen Menschen, einem Menschen, der fähig und bereit ist, seine Umgebung aktiv zu erfahren und Beziehungszusammenhänge herzustellen. Mit der nötigen Distanz, die nur innere Freiheit gestatten kann, kann er vorgegebene Verhaltensnormen erfassen und dazu Stellung beziehen. Diese Stellungnahme kann positiv und negativ verlaufen aufgrund seiner kritischen Prüfung. Das wird ihn zu spezifischem Handeln veranlassen und zur kritischen Überprüfung von Wertvorstellungen, die hinterfragt werden. Voraussetzung dafür sind Eigenständigkeit, Selbstverständnis, Selbstidentifikation und Selbstverantwortung. Nur auf diesem Hintergrund kann der mündige Mensch sein Handeln so einsetzen, daß im Zusammenwirken mit anderen ein äußerer Rahmen entsteht, in dem das Selbst des Individuums die größtmögliche Chance im Sinne einer gemeinsamen Aufgabe erhält.

Eine derartige Erklärung hat leider immer den Charakter einer „Balkonrede". Sie stellt eine Absichtserklärung dar, deren Verwirklichung der Alltag und seine Praxis eine Fülle von Hindernissen in den Weg stellen.

Leitziele sind vermutlich immer weitgehend utopisch, aber sie geben Richtungen an, die bestimmte pädagogische Konsequenzen haben. Motive der Eigenständigkeit und Mündigkeit können nur durch eigenständige Motivation erworben werden. Nur eigene Einsicht, Erkenntnis und Erfahrung, nicht äußerer Zwang – und sei er pädagogisch noch so hübsch mit Schleifchen versehen – führen zur Autonomie der Person. Die Erkenntnis personaler Abhängigkeit und Relativität ist dabei wesentlicher Bestandteil, darf aber nicht dazu führen, das Kind von vorneherein unseren soziokulturellen Gegebenheiten nur anzupassen und einzugliedern. Unsere Gemeinschaft ist nur eine von zahlreichen möglichen. Allzuvieles ist verbesserungsfähig.

Veränderungen sind nötig. Sie sind aber nur möglich, wenn das Kind von sich aus lernt, Gegebenheiten als eben mögliche zu sehen, wenn es auch neu definieren kann, wenn andere Lösungen denkbar erscheinen. Das ist keine Erziehung zum Aufruhr, sondern zur Freiheit. Aus der distanzierten, sensibel beobachtenden und kritisch wertenden Distanz kann freier Entschluß erwachsen. Daß bei angestrebter Selbstidentifikation auch bestimmte Konsequenzen für meine Lebensbedingungen entstehen, liegt auf der Hand. Wenn vieles, was wir beklagen und bejammern, verändert werden soll, muß eine neue Generation auch lernen, Veränderbares zu denken.

KREATIVITÄTSERZIEHUNG

Deshalb ist die ästhetische Erziehung – nunmehr wesentlich konkreter – als Beitrag zur Kreativitätserziehung zu verstehen. Dabei wird Kreativität verstanden als die Fähigkeit des Menschen, neue Denkinhalte hervorzubringen. Daraus ergibt sich schnell die Frage, für wen diese Denkergebnisse neu sind, und daraus die Antwort, daß es subjektive Kreativität geben muß. Objektiv kreative Leistungen, die gesellschafts- oder umweltverändernd waren, sind selten. Das Wagenrad, die Medien, das Flugzeug usw. gehören dazu. Wenn wir von der Kreativität der Kinder sprechen, dürften derartige Erfindungen ausscheiden. Im Gegenteil, meist kennen wir Erwachsenen bereits das Ergebnis im voraus, wenn Kinder experimentieren. Das bringt die Gefahr mit sich, daß wir unseren Kindern den Erfahrungsweg abkürzen wollen und wieder Anweisungen geben: ,,Nimm gelb und blau, das ergibt grün ...'' Subjektives kreatives Verhalten muß ermöglicht werden. Das hat viele Konsequenzen. Manche sind in dem Kapitel über Motivation dargestellt.

Es wird kaum einen Erzieher oder eine Erzieherin geben, die ernsthaft gegen Kreativität in der Erziehung sind. Kritisch wird die Situation erst, wenn es um die Konsequenzen geht. Wenn spielerisches Verhalten gegen die Ordnung im Ablauf steht, Spontaneität gegen Planung usf. Nun können durch eine entsprechende Umgebung, durch ein spezifisches Erzieherverhalten und durch geeignete pädagogische Maßnahmen Bedingungen geschaffen werden, innerhalb deren Kreativität erst möglich ist; im einzelnen geht es aber doch um bestimmte Eigenschaften, Fähigkeiten, Fertigkeiten und Verhaltensweisen, die eine kreative Persönlichkeit auszeichnen und die wir durch die ästhetische Erziehung unterstützen können. Wir liefern dazu einen Beitrag. Zur Kreativität kann von allen Seiten erzogen werden, also auch von der Sprache, Denkerziehung, sozialem Lernen, Musik- und Körpererziehung her usw.
An einigen Beispielen soll das Persönlichkeitsbild kreativer Menschen gezeichnet werden.

Sensibilität

Kreative Menschen sind sensibel. Sie leben bewußter im Reich der Sinne, sind offener, wahrnehmungsbereiter. Das ist vielleicht sogar der fundamentale Beitrag ästhetischer Erziehung, daß in einer Zeit der Überbewertung intellektualistischer Fähigkeit wieder elementare Erfahrungen durch die Sinne gefördert werden. Die gefährdete Ganzheit der menschlichen Person wird in ihrer Einseitigkeit hier gegengesteuert. Es läßt sich in Versuchen sehr leicht nachweisen, wie der Erwachsene heute mit einem Schrumpfsensorium lebt, wie stark Dosen sein müssen, um seine Sinne noch zu erregen, und wieviel Glücksmöglichkeit er sich dadurch verbaut. Wir werden also versuchen, die natürliche Neugier und Aufnahmebereitschaft unserer Kinder zu fördern und zu erhalten. Dabei spielt die Wahrnehmungssensibilität ebenso eine Rolle wie die soziale und die Problemsensibilität.

Flexibilität

Gemeint ist die Fähigkeit, sich schnell in neuen Bedingungen zurechtzufinden. Das können Situationen, Aufgaben, Materialien etc. sein. Diese Fähigkeit verhindert, daß Zwänge dadurch entstehen, daß bestimmte Umweltgegebenheiten vorhanden oder nicht vorhanden sind. Sie meint eine grundsätzliche Bereitschaft, neue Begebenheiten mit einzubeziehen. Das fällt um so leichter, wenn mir Zusammenhänge und entsprechende Vorstellungen geläufig sind. Wenn also auch meine Fantasie funktioniert, d. h. wenn ich auf einen Anstoß von außen sofort mit Ideen, Bildern, Vorschlägen reagieren kann, so daß sich Assoziationen einstellen.

Fähigkeit, neu zu definieren

Wir sind in unseren Vorstellungen oft festgelegt. Gewohnte Denkschemata zu verlassen, ist schwierig. Darum sind Veränderungen auch so schwer. Wir suchen die Lösung von Fragen oft an der falschen Stelle, weil wir uns nicht vorstellen können, daß es auch noch andere Wege gibt. Bekannt ist das Beispiel, in dem ein Lastwagenfahrer mit seinem Fahrzeug unter einer Brücke steckenbleibt, weil er übersehen hat, daß es 10 cm höher ist als die Durchfahrt. Man überlegt, wie der Wagen zu befreien wäre: Absägen des Aufbaues, Herausreißen mit einem anderen schweren Fahrzeug. Bis ein kleiner Bub kommt und vorschlägt, die Luft aus den Reifen zu lassen … Wenn die Geschichte nicht wahr ist, so ist sie gut erfunden. Die hier gefragte Fähigkeit lernt man nicht und hat sie dann. Sie ist eine ständige Aufgabe, eine Grundgestimmtheit. Die Bereitschaft dazu kann zum Motiv werden.

Natürlich gibt es noch viele andere Charakteristika für kreatives Verhalten. Man braucht sie nicht einzeln aufzuzählen. Wichtig ist, daß Kreativität nicht als Tummelplatz für fantasiebegabte Menschen gesehen wird, als domestiziertes Luxushaustier sozusagen, sondern daß hier eine bestimmte Welt- und Lebensauffassung dahinter steht. Sie meint den Menschen, der offen und spontan ist, der in der Lage ist, Veränderungen anzugehen, der spielerisch und nicht durch Vorurteile beengt denken kann und der auch etwas bewirken will. Dazu will ästhetische Elementarerziehung einen Beitrag leisten, wobei sie ganz spezifische Zielsetzungen anbieten kann.

Wandzeichnungen (Graffiti) deutscher, italienischer und französischer Kinder. Die elementare Kinderzeichnung, der jeder Erwachsene auf Schritt und Tritt – an Wänden und Türen, auf Trottoirs... – begegnen kann.

ÄSTHETISCHE ELEMENTARERZIEHUNG

Erziehung der Sinne

Ästhetische Erziehung ist zunächst und grundlegend Erziehung der Sinne (das Wort stammt vom griechischen aisthetos – wahrnehmbar). Jedes bildnerische Verhalten bedingt zunächst einmal eine kultivierte Wahrnehmung. Oder ist es umgekehrt? Es besteht eine intensive Wechselbeziehung zwischen beiden. Durch die Differenzierung der Wahrnehmung bekommt das Kind die Möglichkeit, vielerlei Informationen aufzunehmen, zu speichern und zu verarbeiten, die dann kreativem Verhalten zu Gebote stehen. Über genaues Wahrnehmen erhält das Kind aber auch die Distanz, die es leichter Zusammenhänge und Probleme erkennen läßt, hier vor allem im Bild- und Zeichenbereich.

Daß Wahrnehmungssensibilisierung nicht in Form von schulmäßigen Lektionen betrieben werden kann, ist klar. Im Spiel werden Erlebnisse im Sinnenbereich vermittelt, die zugleich einem anderen Ziel ästhetischer Elementarerziehung näherführen: der Genußfähigkeit. Das Kind, das mit allen Sinnen offen lebt, das Erlebtes reflektieren kann, kann auch genießen. Genußfähigkeit wiederum führt zu anderer Einschätzung der eigenen Person und der Umgebung. Sie verschafft – im Rahmen des überhaupt Möglichen – ein wenig Glück.

Erfahrungen

Die ästhetische Elementarerziehung ermöglicht Erfahrungen. Wenn ein Kind seine Bildsprache entwickelt und kultiviert, sammelt es Erfahrungen. Es lernt Materialien kennen, erfährt ihre Grenzen und Möglichkeiten, es dringt ein in Aussagewert von Farben und For-

men, es lernt Werkzeuge kennen und ihre Verwendung und Wirkung – und bei alledem differenziert sich die Feinmotorik der Hand. Diese Erfahrungen sind nicht zu unterschätzen auf dem Wege zur Autonomie der kindlichen Person, sie machen sie sicherer und helfen ihr, sich zurechtzufinden.

Ästhetische Erziehung kann einen Beitrag dazu leisten, daß das Kind diese Erfahrungen machen kann, noch mehr aber, daß es solche Erfahrungen machen will. Hier wird die grundsätzliche Experimentierhaltung gefördert.

Selbstfindung

Wenn jemand zeichnet, malt oder einer anderen bildkünstlerischen Tätigkeit nachgeht, so durchläuft er einen großen Bogen von Spannung und Entspannung. Trotz größter Anspannung bis hin zu den Grenzen der Erschöpfung tritt schließlich eine Ausgeglichenheit ein – selbst dann, wenn man mit dem Ergebnis nicht besonders zufrieden ist.

Worin besteht eigentlich diese Entspannung? Jede Bildsprache (der Begriff wird hier für alle Bereiche der Bildenden Künste verwendet) setzt eine Klärung meiner Vorstellung voraus. Jede Zeichnung legt mich fest. Die Sache ist so und nicht anders. Die Zeichnung hilft mir also, mir über etwas klarzuwerden. Darstellen heißt klarstellen. Nun ist die Zeichnung wesentlich genauer als das Wort. Der gezeichnete Stuhl ist ungleich präziser als das nur gesagte Wort, selbst wenn ich mich auf eine umständliche Beschreibung einlasse. Trotzdem ist die Zeichnung in ihrer Bedeutung nicht festgelegt. Manche Schicht mag aus einer Ebene unseres Vor- und Unterbewußten stammen, die sich dem Zugriff unseres Verstandes entzieht, aber verschlüsselte Symbolbedeutung hat, weil sie in Tag- und Nachtträumen, in Fantasievorstellungen ,,zu Tage" tritt und oft in mythische Bereiche der Menschheitsgeschichte reicht. In der Bildsprache berühren wir Höhen- und Tiefenschichten, deren Dimension wir nur ahnen.

Wenn wir zeichnen und malen, tasten wir uns an unsere Bildwelt heran und identifizieren uns dabei. Beim zeichnenden Kind wird das besonders deutlich, wie es sich äußert, wie Inneres nach außen tritt. Im Kapitel über das Ausdrucksvermögen des Kindes wird davon noch die Rede sein.

Über die Bildsprache gehen wir einen Weg auf uns selbst zu, wir entdecken uns dabei und finden uns – ein wichtiger Beitrag zur Selbsterfahrung. Wir klären aber auch unseren Umweltbezug und ,,orten" uns dabei.

Damit ich das kann, benötige ich eine Reihe von bildnerischen Verfahren und Techniken. Diese versucht die ästhetische Elementarerziehung zu vermitteln, allerdings nicht als Selbstzweck, sondern als Mittel zur Darstellung.

2. Inhalte ästhetischer Elementarerziehung

Wenn man darangeht, die Inhalte ästhetischer Elementarerziehung zu formulieren, muß man verschiedene Bezugsfelder beachten.

Einerseits haben wir vor uns das ganze Spektrum von Möglichkeiten der Bildäußerung, wie die Bildenden Künste sie anbieten. Sie reichen von der Grafik über Malerei und Plastik bis hin zu den Grenzbereichen von Theater, Aktion und Happening. Eine Unzahl von Techniken, Stilen und Inhalten steht zur Verfügung; das macht es schwer, den Überblick zu behalten.

Diese Skala wird schon etwas eingegrenzt, wenn man sie mit der eben formulierten Zielvorstellung konfrontiert. Es geht nicht nur um bildnerisches Tun oder ästhetische Beschäftigung, sondern um Gebiete, die in einem Zusammenhang zu sehen sind.

Die andere – wichtige Begrenzung erfahren wir durch das Kind selbst. Von seiner Entwicklung her, von seinen Antrieben und Strebungen ergeben sich Anforderungen und Grenzen, die sehr genau eingehalten werden müssen, wenn das Selbst des Kindes im Zentrum bleiben soll. Keine pädagogische Theorie erlaubt es, Kinder zu ,,überziehen". Das Kind braucht seinen Raum und seine Zeit, um Entwicklungen ausleben zu können. Manche frühpädagogischen Curricula erinnern an den alten Chinesen, der Reis säte. Täglich ging er hinaus, um beim Wachsen zuzusehen. Eines Tages kam er erst sehr spät und völlig erschöpft nach Hause: ,,Ich habe dem Reis wachsen helfen", antwortete er auf die Fragen seiner Familie. Am nächsten Tag gingen alle hinaus. Die Pflanzen hingen matt und verdorrt am Boden. Der Mann hatte an jeder ein wenig angezogen. Er hatte die Geduld verloren …

Die letzte Grenze in der Auswahl zieht schließlich die Situation im Kindergarten, der Etat, die Möglichkeiten des Raumes, die große Kindergruppe, die Mentalität der Erzieherin, ihre Vorbildung und Vorliebe und nicht zuletzt: ihre Nerven. Daß die Eltern der Kinder ein unübersehbarer Faktor bei der Planung, Durchführung und Auswertung ästhetischer Elementarerziehung sind, ist selbstverständlich. Intensive Elternarbeit als Partnerarbeit im Erziehungsbereich kann manche zu eng gesteckten Grenzpfähle versetzen.

Wenn all das in Rechnung gestellt wird, schrumpft das anfänglich ausgesprochene Spektrum doch erheblich zusammen. Ich habe für meine Arbeit bestimmte Gebiete ausgewählt, die sich in der Praxis bewährt haben. Es könnten sicher auch andere sein, werden in der weiteren Arbeit auch andere werden. Wenn sie jetzt aufgezählt werden, sollte nicht vergessen werden, daß sie nicht ohne Inhalte zu denken sind. Deshalb sind im Kapitel 5 auch viele konkrete Beispiele berichtet, die als Anregung dienen könnten.

Im Augenblick arbeite ich auf fünf verschiedenen Gebieten:

Sensibilisierung der Wahrnehmung

Ein Schwerpunkt der Arbeit konzentriert sich auf kleine Spiele und Etüden, die ein bewußteres Sehen, Tasten, Schmecken, Riechen und auch Hören bewirken sollen. Letzteres wird bei mir etwas vernachlässigt. Es gibt dazu aber viele sehr gute Anregungen von der Musikpädagogik her. Das Kind soll angeregt werden, seinen Alltag intensiver zu erleben, seine Sinne einzusetzen, in einer Grundoffenheit zu leben. Damit die Sinneseindrücke verfügbar bleiben, wird versucht, sich auch wieder zu artikulieren. Die Verbindung mit der Sprache ist dabei besonders wichtig. Begriff und Wahrnehmung differenzieren sich wechselseitig. Dabei wurden auch Versuche gemacht, Eindrücke auf andere Artikulationsebenen zu übersetzen, z. B. Musik in Farben, Rhythmus in grafische Spuren usw.

Differenzierung der Feinmotorik der Hand

Hier geht es um Spiele, die es dem Kind ermöglichen, die Hand willentlicher einzusetzen, Bewegungsspuren zu hinterlassen, die es so und nicht anders wollte. Diese Spiele sind am ehesten eine Vor-schule, wiewohl ich sonst diesen Begriff nicht meine. Die ästhetische Elementarerziehung ist keine Vorschulerziehung, sie bietet dem Kind im Vorschulalter Möglichkeiten an, die ihm hoffentlich angemessen sind.

Bildsprache des Kindes

Dies ist das breiteste Kapitel. Das Kind soll angeregt werden, eine gemäße Bildsprache zu entwickeln. Dazu ist einerseits die Klärung von Inhalten nötig, das Ermöglichen von Erlebnissen und Erfahrungen, andererseits braucht man einfache Techniken, die sich das Kind aneignet, um sich ausdrücken zu können.

Unter die Bildsprache fallen die Bereiche der Zeichnung, des Malens, Bauens und Knetens. Eigentlich gehört auch die Fotografie dazu. Leider haben die meisten Kindertagesstätten nicht die Möglichkeiten der Berliner Einrichtungen, auf die man in dieser Hinsicht nur mit Neid blicken kann. Dieser Bereich sollte ebenso ausgebaut werden wie das Drucken.

Spiel und Experiment

Das Kapitel ist ausgesondert, obwohl das Experimentieren mit Materialien und Werkzeugen in das Kapitel Bildsprache integriert gehörte. Durch die Ausgliederung soll die Bedeutung noch unterstrichen werden. Aufgenommen habe ich in diesem Bereich eine Disziplin, der ich im Kindergarten eine eminente Bedeutung beimesse: das Spiel mit Puppen und Masken. Selten finden wir ein so vielseitiges Integrationsfeld für Sprache und Rolle, Sprechen und Spielen, Musik, Rhythmus, manuelle Tätigkeit – verbunden mit den psychologischen Chancen dieses Projektionsmediums, in dem alle Nöte, Wünsche, Konflikte, Pläne, Vorstellungen unserer Kinder auftauchen können.

Reflexion über Bilder

Schließlich nehme ich dazu den Bereich ,,Bildbetrachtung'', wobei Bild nur ein Sammelbegriff ist für Zeichen im optisch-haptischen (Tast-) Bereich. Die Kinder sollen lernen, Zeichen zu lesen, zu entziffern, sich darüber zu unterhalten und sich damit auseinanderzusetzen.

3. Das Ausdrucksvermögen des Kindes

Wenn wir das Wort „Ausdruck" benutzen, haben wir schon eine bestimmte Position bezogen. Wir sagen damit, daß es ein „Innen" und ein „Außen" gibt, also einen Gegensatz z. B. zwischen der Welt, die wir wahrnehmen, und unserer inneren Welt, dem seelischen Bereich und dem Ort unserer wesensmäßigen Gegebenheiten. Ausdruck bedeutet, daß etwas von dieser inneren Welt nach außen tritt, daß diese „Äußerung" etwas von meinem Wesen, von meiner Verfassung und meiner Gestimmtheit sichtbar, hörbar, spürbar, fühlbar usw. werden läßt. Wir vermeinen, aufgrund unserer Erfahrungen den Ausdruck eines anderen Menschen richtig zu deuten, wie er sich zeigt im Handeln und Reagieren, in Gestik, Mimik, in Sprache, Bewegung und Bildsprache. Der Ausdruck des anderen tritt also in ein Verhältnis zu meinem eigenen Erleben. Der Ausdruck entwickelt sich aber erst im Verlaufe der Zeit. Viele Ausdrucksweisen werden gelernt. Je vielfältiger die Umgebung reagiert, desto leichter erlernt das Kind im spontanen Erfassen Ausdrucksweisen, die angemessen sind. Natürlich spielt in einem Buch über ästhetische Elementarerziehung vor allem der bildhafte Ausdruck eine Rolle. Ihm wird auch ein breiter Raum gegeben. Da er aber nicht ganz zu isolieren ist, sollen auch die anderen Ausdrucksmöglichkeiten kurz angesprochen werden.

MIMIK

Wenn die kleine Christa vor Wut das Gesicht verzerrt, losbrüllt, mit dem Fuß stampft, vielleicht sogar die Farbe wechselt, ist das eine typische Verhaltensweise, die von jedem, auch von einem dieser Sprache nicht Mächtigen, ganz eindeutig verstanden wird. Man nimmt an, daß diese Ausdrucksmimik angeboren ist, wie die für Schrecken, Furcht, Schmerz, Kummer, Freude und Vitalität. Auch sehr kleine Kinder verhalten sich in diesen Stimmungen ähnlich. Dabei besteht die Mimik aus einer Reihe von Bewegungen der Gesichtszüge, bestimmten Haltungen oder auch einer typischen Art zu blicken. Man muß es wohl erst lernen, aus der Mimik eines Gesichtes zu lesen. Manche Gesichter sind „nichtssagend" oder „verschlossen", andere „beredt". In jedem Fall begleitet die Mimik die Affekte, die Gefühle und inneren Bewegungen.

Beim kleinen Kind differenziert sich das mimische Ausdrucksvermögen in zunehmendem Maße. Die Kinder reagieren „von Tag zu Tag" deutlicher auf Erlebnisse. Mit gesteigerter Ausdrucksfülle wird die Mimik leichter ablesbar und auch bewußter eingesetzt. Das läßt sich besonders eindrucksvoll am Auge des Kindes sehen. Es beobachtet nicht nur differenzierter, es zeigt mehr und mehr vom Innenleben in seiner ganzen Gefühlsskala von Freude bis Trauer, von kritischer Distanz bis freundschaftlicher Zuneigung. In diesen Äußerungen reagiert das Kind auch auf die Umgebung.

Die Mimik ist bei Kindern meist nicht zu isolieren. Ihr entspricht die Gestik und die Pantomimik des ganzen Körpers des Kindes. Natürlich ahmen die Kinder Bewegungen Erwachsener nach.

Im allgemeinen differenzieren sich aber Pantomimik und Gestik ebenso zunehmend wie die Mimik. Ist anfänglich das Verhalten noch zufällig, wird es mehr und mehr geordnet und durch den Willen des Kindes gelenkt.

Dabei finden sich Ausdrucksmerkmale, die häufig vorhanden sind. Frijda nennt im Handbuch für Psychologie (herausgegeben von R. Kirchhoff, Göttingen 1965, Band 5, S. 402) Erscheinungsformen, die wir bei unseren Kindern sehr genau beobachten können, z. B. ,,durchschnittliches Bewegungstempo, eine allgemeine Gespanntheit, Bewegungsreichtum, Eckigkeit und Rundheit von Bewegungen''. Schon danach lassen sich in jeder Kindergruppe Unterschiede finden. Aber auch die ,,individuellen Ausdrucksformen'', die Frijda aufzählt, sind typisch, z. B., daß man ,,bestimmte Reaktionen'' erwarten kann, daß etwa auf Stille in einer spezifischen Weise reagiert wird oder daß die Reaktion verrät, wie das Kind die Situation einschätzt. Aus Mimik, Gestik und Pantomimik kann der Erzieher sehr vieles über das Kind erfahren, über seine Stimmung, seinen Zustand, auch über sein Ausdrucksvermögen. Das setzt allerdings ein genaues Beobachten voraus. Hier muß man sich davor hüten, Vorurteile in das Kind hineinzuprojizieren und sie dann ,,gesichert'' abzulesen.

BEWEGUNG

Sie ist von Gestik und Pantomimik nicht zu trennen. In jedweder Situation reagiert das Kind auf einen entsprechenden Anlaß durch Körperbewegung. Auch diese Bewegungen müssen gelernt werden. Aus dem unsicheren Reflexgreifen des Kleinkindes wird das bewußte und gewollte Greifen nach Gegenständen. Nach dem Greifen und Ergreifen spielt das Kind mit dem betreffenden Gegenstand, es experimentiert, hantiert und sammelt dabei Erfahrungen, die es immer besser einsetzen kann.

Im Vorschulalter können wir beobachten, wie das Kind zunehmend differenzierter und sicherer wird. Trotzdem ist die Art, sich zu bewegen, unauswechselbares persönliches Ausdrucksvermögen des Kindes, eine individuelle, typische ,,Äußerung''.

SPRACHE

An der Sprache ist die wachsende Differenzierung am deutlichsten zu erfahren. Das kleine Kind schreit, um bestimmte Zustände kundzutun. Man kann sehr genau erfassen, ob es aus Wut, Schmerz, Hunger oder Langeweile schreit, weil hier schon erste Unterschiede auftreten. Schon bald moduliert sich die Stimme (vor allem bei entsprechender Anregung): Das Kind lallt. In dieser Sprachvorform vermag das Kind erstaunlich breit gefächerte Inhalte zu vermitteln. Es ist keine Sprache, aber für die Entwicklung der Sprechorgane und für die grundsätzliche Einstimmung in kommunikatives Verhalten von größter Bedeutung. Das Kind tritt in Kontakt zur Umgebung und erfährt eine Reaktion. Allmählich werden dann die ersten Worte erworben. Das Kind lernt, daß bestimmte Lautverbindungen Objekte meinen (Mama, Auto). Das Kind ist normalerweise ständig von Sprache umgeben. Dieser Sprachnebel führt zunächst noch nicht zum Verstehen. Da aber einzelne Worte immer wieder und in gleichen Zusammenhängen auftreten, stellt das Kind die Verbindung her und lernt sie. Durch Modulierung der Stimme kann das Kind bei einzelnen Worten den Zusammenhang signalisieren, in dem sie gemeint sind. Je nach Betonung bedeutet „Mama": „Du sollst kommen", „Wo bist du?", „Bist Du noch da?" usw. Man spricht von Ein-Wort-Sätzen. Nach kurzer Zeit genügen diese Möglichkeiten nicht mehr. Eine Satzerweiterung ist nicht zu umgehen. Die Frage „Ist das?" und der Hinweis „Das!" erscheinen. Das Kind bevorzugt dabei Art- und Gattungsbegriffe. Der Wortschatz erweitert sich sehr rasch. Wie differenziert er sich entwickelt, das hängt von der sprechenden Umgebung, ihrer Sprachmöglichkeit und der Zeit der Zuwendung zum Kind ab.

Die erziehende Umgebung bestimmt auch, inwieweit sich das Kind nach grammatikalischen Regeln richtet. Auch die „Obertöne" der Sprache, die stimmlichen Gestaltungsmittel, ihr Schwung, ihre Intensität und Deutlichkeit hängen davon ab. Das zeigt aber auch die Abhängigkeit des Kindes von seiner Schicht (wenn nicht andere Erziehungsinstanzen einspringen). Die Chance seiner späteren Kommunikationsfähigkeit und -willigkeit wird hier festgelegt.

Bei entsprechender Anregung treten zur inhaltlichen Bewältigung der Sprache die stimmlichen Gestaltungsmittel (Tonhöhe, Lautheit, Farbigkeit, Dynamik des Sprechens, Sprachmelodie).

Nicht zu unterschätzen ist in diesem Zusammenhang der Dialekt, der mehr als die Hochsprache in der Lage ist, gefühlsmäßige Feinheiten auszudrücken.

Sprecherziehung und Sprachförderung sind also für das Kind wesentliche Lebenshilfe; sie entlassen das Kind aus der Abhängigkeit von seiner Umgebung und eröffnen ihm neue Möglichkeiten.

Die Reichhaltigkeit der Bildsprache hängt ebenso von der erziehenden Umgebung ab. Da aber sowohl Wort- wie Bildsprache aufs engste mit dem Denken, mit der Begriffs- und Vorstellungsbildung zusammenhängen, hat das ungeförderte Kind nicht nur im kommunikativen Bereich Nachteile zu erleiden, es hat von vorneherein kaum zureichende Chancen auf eine umfassende Entfaltung seiner Kräfte.

DIE BILDSPRACHE

Auch die Bildsprache der Kinder entwickelt sich. Von zunächst sehr allgemeinen Zeichenformen spezifiziert sie sich immer mehr auf das konkret Gemeinte hin. Aus der Phase des Kritzelns heraus findet das Kind zu einer Formensprache, die es ihm in zunehmendem Maße gestattet, im Rahmen dieses Kanons realistisch darzustellen, was es meint. Da dieser Realismus nicht von der Anschauung, sondern vom Verständnis für eine Sache her bestimmt ist, spricht man vom „intellektuellen Realismus" (im Gegensatz zum „visuellen" der Kinder von etwa 12 Jahren). Das Merkwürdige an der Kinderzeichnung ist die Entwicklung in verschiedenen Stufen, die von jedem Kind mehr oder weniger konsequent durchlaufen wird. Dabei ist nicht festgelegt, wie lange eine Phase dauert und in welchem Alter sie genau auftritt; die Abfolge ist aber doch ähnlich. Das gilt nicht nur für europäische Kinder. Bei sehr vielen Zeichnungen aus Asien, Afrika und Amerika konnte ich gleiche Entwicklungsstufen feststellen.

Natürlich gibt es viele Versuche, dieses Phänomen zu erklären. Eine Erklärung ist die Nachahmungstheorie. Die Kinder zeichnen, weil sie beobachten, daß auch andere Kinder oder die Erwachsenen zeichnen oder schreiben. Weit kommt man mit dieser Theorie allerdings nicht. Sie mag erklären, warum manche Kinder so früh zu zeichnen beginnen, aber nicht, warum sie „so" zeichnen. Da trägt m. E. die Theorie von Eichmeier/Höfer besser, die davon ausgeht, daß jeder Mensch in sich ein bestimmtes Repertoire an Bildmustern trägt. Sie sind angeboren. Die beiden Forscher nennen sie „endogene Bildmuster". Wenn wir bei geschlossenen Augen von außen auf die Augenlider drücken, erscheinen innen Muster. Das Auge scheint auf den Druck hin Ornamente und Muster zu erzeugen. In Wirklichkeit entstehen sie natürlich im Gehirn. Da sie aber nicht von einer optischen Anregung kommen, scheinen sie bereits vorhanden zu sein. Durch ihre besondere Versuchsanordnung konnten die beiden Wissenschaftler einen ganzen Katalog von Grundformen aufzeigen.

Diese Formen spielen in der gesamten Kulturgeschichte ein Rolle, sie bestimmen aber auch die frühe Kinderzeichnung. Vermutlich antwortet das Kind auf Impulse von außen mit dem endogenen Formenkanon, aus dem es das Darzustellende zusammensetzt. Diese Formen differenzieren sich zunehmend aus. Im Verlauf seiner Entwicklung gerät das Kind in größere Distanz zur Umgebung, der es mehr und mehr kritisch begegnet. Erst in dieser Phase (meist in der Vorpubertät) überträgt es die Form in der vorgefundenen Realistik, d. h. es zeichnet naturalistisch.

Beginn der Kinderzeichnung

Die Bildsprache der Kinder ist erst seit dem ausgehenden 19. Jahrhundert Forschungsgegenstand. Es dauerte sehr lange, bis man bemerkte, daß die Kinder so zeichnen, weil das eine ihnen angemessene Sprache darstellt, und nicht, weil sie noch nicht so gut zeichnen können wie die Erwachsenen. Die Kritzelphase der Kinder ist sicher auch heute noch zu wenig erforscht. Am Beispiel der Kritzeleien vom kleinen Christian soll gezeigt werden, wie – für Erwachsenenaugen weitgehend nicht leicht ablesbar – auch in scheinbar zufälligen Kritzeleien ein Ausdruckswille vorherrscht, der zu einer immer deutlicheren Aussage führt, in diesem Falle zum „Eisenbahnwagen" (Abb. S. 24/25).

Zunächst ist die Kritzelei natürlich eine sichtbar gewordene Bewegungsspur. Irgendein Gegenstand hinterläßt auf einer Unterlage eine Spur. Das mag der Finger im Sand oder Staub sein, ein Ziegelbrocken auf Asphalt oder eben ein Stift auf Wand, Straße, Papier etc. Wer aufmerksam durch eine Stadt geht, wird überall Spuren früher Kinderzeichnung entdecken (Abb. S. 14/15). Für das Kind stellt diese bleibende Spur großen Lustgewinn dar. Es lacht und jauchzt. Dieses Gefühl, etwas zu bewirken, was Dauer hat, ist nicht zu unterschätzen. Erwachsene haben oftmals wenig Verständnis für diese Kritzeleien, weil sie ja „nichts darstellen". Sie täten besser daran, möglichst viel Papier, und zwar große Bogen, und Stifte bereitzustellen, da das Kritzeln nicht zuletzt für die Entwicklung der Bewegungskoordination des Armes und der Hand von entscheidender Bedeutung ist. Die ersten Kritzeleien sehen auch noch so aus, wie wenn ich in einem Topf voller Spaghetti umrühre. Man spricht auch vom Urknäuel. Die Bewegung kommt aus dem ganzen Arm, er ist nahezu gestreckt. Daher auch die Kreisform der Spuren. Dazwischen wird aber auch das Material bis zur Grenze der Belastbarkeit geprüft. Meist finden

Diese Zeichnungen und die auf der nächsten Seite sind von Christian im Verlauf eines Jahres angefertigt worden (3 1/2–4 1/2 Jahre). Sie zeigen, wie sich aus der Kritzelei allmählich Formen immer deutlicher herausschälen, bis schließlich der Eisenbahnwagen erscheint. Das Motiv „Fahren" und „Treppe" ist aber schon in den ersten Blättern vorhanden.

sich regelrechte Einschüsse im Papier: Das Kind schlug mit dem Stift einfach senkrecht auf. Manche Kinder zeichnen sehr lange in diesen Schwungformen, bei anderen ändert sich der Duktus, d. h. die Stiftführung, bald. Nun läuft die Linie nicht mehr in einem Schwung fort, sondern beginnt gerade und wird wieder zurückgeführt. Es entstehen Zickzackformen. Die Bewegung wird nun hauptsächlich im Unterarm ausgeführt. Sie verlangt einen klaren Willenseinsatz: ,,Vor und zurück!'' Oftmals finden sich diese Formen im ersten ,,Trotzalter''.

Aus dem Schwung- und Zickzackkritzeln entwickeln sich nun viele Abarten von Formen wie das Hiebkritzeln oder Kritzeleien, bei denen man meinen könnte, es regnet oder hagelt. Sie erfordern einen immer anders eingesetzten Bewegungsapparat: Die Bewegung wandert immer mehr in die Hand und in die Finger. Ausführliches Kritzeln verfeinert die Bewegungskoordination, trainiert die nötigen Muskeln und bereitet die bewußte Bildsprache des Kindes vor.

Dabei kann man dann schon beobachten, wie für das Kind das Kritzeln ein Mittel wird, um etwas zu kennzeichnen oder zu markieren: ,,Da ist etwas!'' oder ,,Das gehört mir!'' Ganz unauffällig bekommt das Kritzelprodukt eine andere Dimension. Häufig erhält die Bewegungsspur eine konkrete Bedeutung. Das Kind zeichnet zum Beispiel, wie ein Auto fährt. Es ahmt mit der Stimme den Motor nach, das Anfahren, die Kurvengeräusche, das Bremsen. Dabei zeichnet es die Spur des Autos, des Flugzeuges, des Zuges usw. Ich kann mich gut erinnern, daß ich meinem Sohn in diesem Alter einen dicken Block und Filzstifte von einer Reise mitbrachte. Er wählte einen blauen Stift, zeichnete auf die erste Seite eine Wellenlinie, blätterte um, zeichnete auf der Rückseite die Wellenlinie weiter und so durch den ganzen dicken Block. In wenigen Minuten reichte er mir das fertige Werk mit der lapidaren Feststellung: ,,Wasser!''

Der Bewegungsspur wird hier ein Sinn unterlegt. Ihr Ablauf entspricht einem Ablauf, den das Kind inzwischen bewußt aufgenommen hat und nun in einer Zeichenanalogie wiederholt.

Sinn unterlegt das Kind nun aber auch einem fertigen Kritzelprodukt. Plötzlich stellt es fest: ,,Papa'', ,,Wauwau'' usw. Das ist ein ganz entscheidender Wendepunkt in der Entwicklung der Bildsprache. Das Kind empfindet sein Produkt als Ganzes, es hat Distanz und meint damit etwas. Warum es gerade ,,Papa'' sagt, ist schwer zu ermessen. Rein äußerlich unterscheidet sich die Kritzelei nicht von den bisherigen. Es hat sie wahrscheinlich auch nicht auf den Inhalt ,,Papa'' hin gezeichnet. Das kann man daraus schließen, daß die Kinder das Produkt ständig umbenennen.

Ein Beispiel von einer Tonbandaufnahme: ,,Mama, ich hab' Berg gemalt. Großer Berg.'' – Mutter: ,,Das ist wirklich ein großer Berg, ein blauer Berg. Du hast den blauen Stift für den Berg genommen.'' – ,,Das ist aber ein Fisch!'' Mutter: ,,Du hast aber doch gesagt: Das ist ein Berg!'' – ,,Jetzt ist es ein Fisch!'' – Ob der neue Titel durch eine Assoziation ,,blau – Wasser – Fisch'' zustandekam, können wir wohl nicht ermessen. Dem Beispiel kann man aber entnehmen, wie wenig das Kind noch festgelegt ist, aber auch, wie deutlich es ,,etwas'' meint.

Am Beispiel der Kritzeleien von Christian können wir sehen, wie motorische und statische Zeichenandeutungen sehr früh auftreten und sich zunehmend verdichten, bis schließlich erste, auch für uns ablesbare Zeichen isoliert werden. Ähnlich finden sich auch bei anderen Kindern in den Kritzeleien erste Formen;

Am Beispiel ,,Bild des Menschen'' sollen in diesem Buch verschiedene Entwicklungsstufen der Kinderzeichnung gezeigt werden.

Kritzeleien von Kindern von 2 1/2 bis knapp 4 Jahren

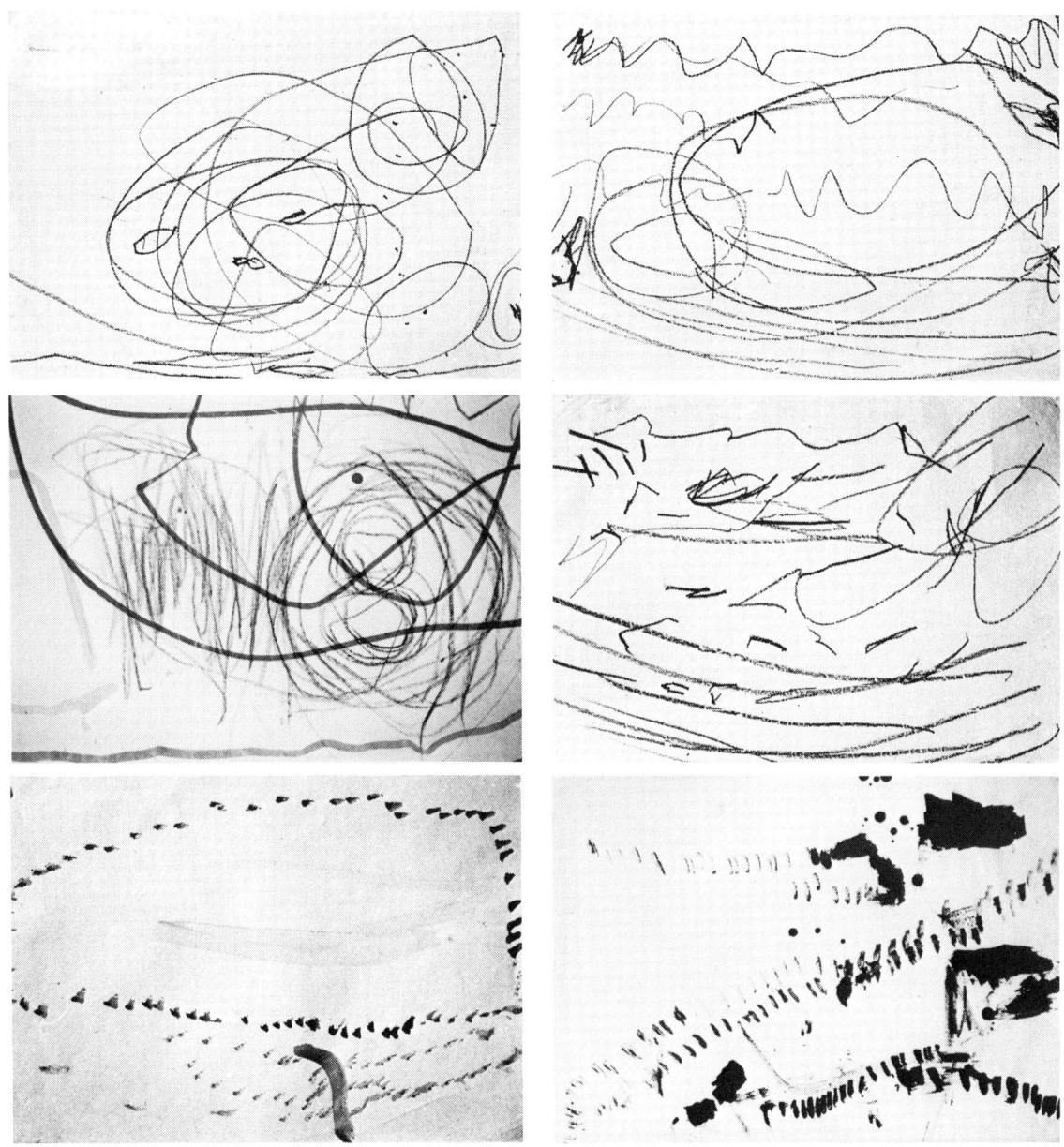

27

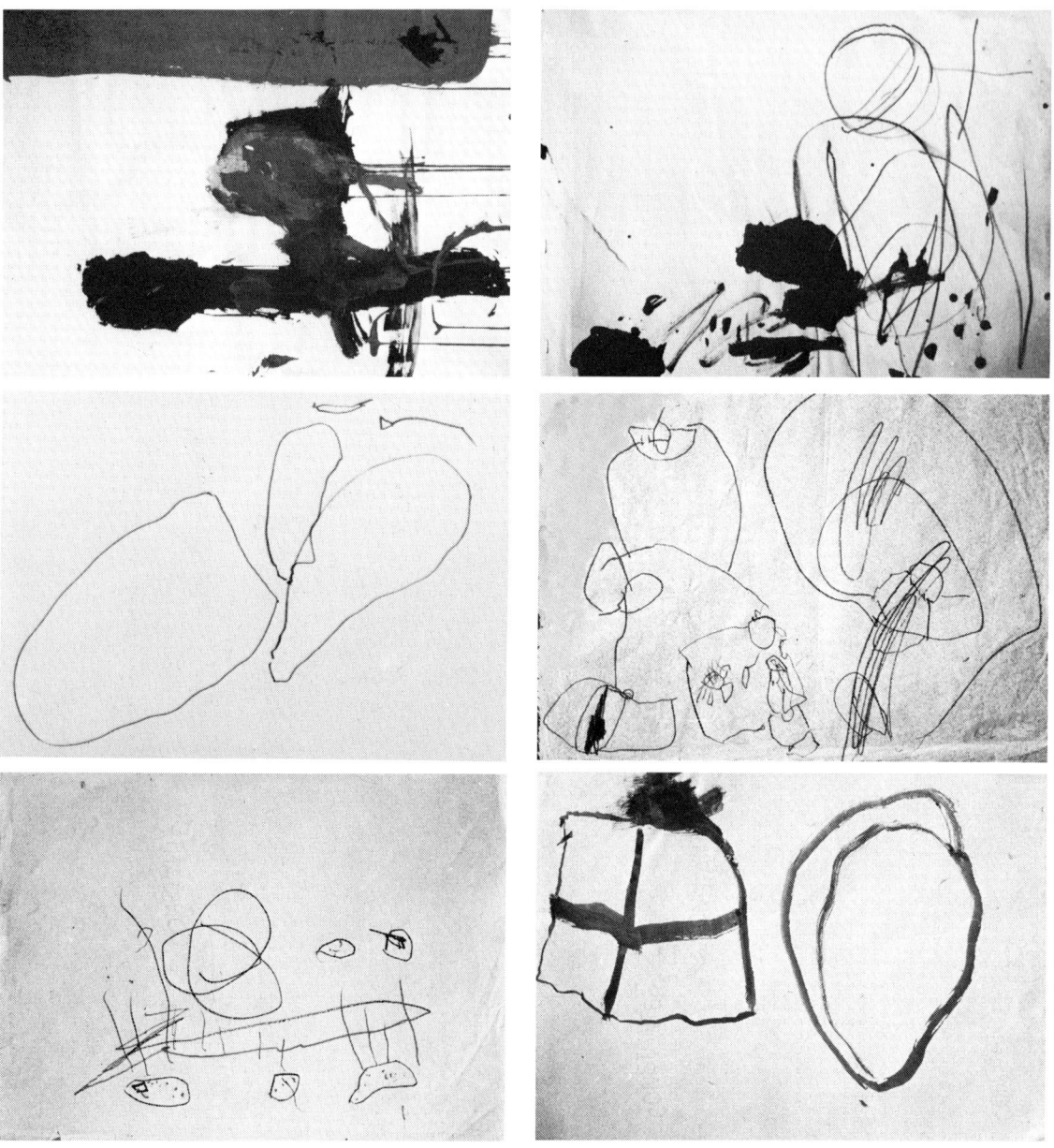

28

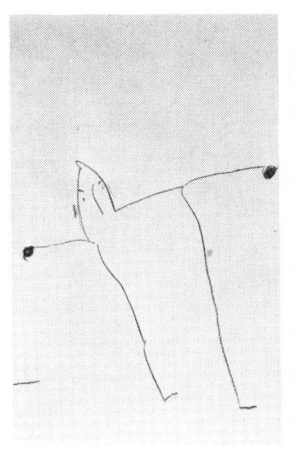

Abb. S. 28:
Aus den Kritzeleien isolieren sich erste, bewußt gewollte Formen.

Abb. S. 29:
Erste Menschenbilder von Kindern zwischen 3 ½ und 4 ½ Jahren

manche Autoren sprechen deshalb auch von den Ur-
formen. Meist sind es Kreis und Kreuz. Die Kreisfor-
men (Ovale) zeigen ein betontes Bemühen, eine Form
zu schließen, eine Linie um etwas herumzuziehen.
Das Kind meint ein „Innen", einen Inhalt. Bei der
Kreuzform durchdringen sich zwei Richtungen und
trennen sich wieder, sie stehen voneinander ab in der
größtmöglichen Richtungsunterscheidung. Mit diesem
noch sehr geringen Kanon an Formen vermag das
Kind nun bald vielerlei Inhalte klarzustellen. Es entwik-
kelt Schemata, die es häufig ständig wiederholt, bis sie
in einem „Schub" aufgebrochen und oft wesentlich
erweitert oder verfeinert werden. Wann diese Schübe
auftreten, läßt sich altersmäßig nicht genau festlegen;
es können nur gewisse Altersgrenzen angegeben
werden, innerhalb deren diese Erscheinungsformen
auftreten. Sie werden hier absichtlich nicht aufgeführt,
weil sie für die ästhetische Erziehung nicht von Bedeutung sind. Ausgangsbasis ist hier jeweils das Kind in
seiner spezifischen Situation und Artikulation. Wesentlich ist vielleicht nur die Feststellung, daß die Entwicklung der Bildsprache des Kindes normalerweise
nicht linear verläuft, sondern in Stufen. Unter besonderen Belastungen wählen manche Kinder auch Ausdrucksformen früherer Stufen. Sie fallen also zurück.
Bei meinem Sohn konnte ich sehen, wie er – sehr stark
fieberkrank – Zeichen verwendete, die er längst differenziert hatte. Nach der Krankheit zeichnete er wieder
auf der ihm gemäßen Stufe.

Sinnzeichen

Das Kind entwickelt also Zeichen für das, was es
meint, Zeichen, die für den Sinn stehen. Sie sind so differenziert wie das Bewußtsein des Kindes. Bei häufiger Wiederholung des Zeichens wird es zur Schablone, die sich dann wieder mit Sinn erfüllt, wenn ein er-
weitertes Bewußtsein das erfordert. Das früheste

Sinnzeichen für den Menschen ist der „Kopffüßler",
eine in sich bezeichnete Kreisform mit Extremitäten,
Strichen für Arme und Beine. Die Kreisform meint den
ganzen Menschen. Das Gesicht symbolisiert ihn, zu-
mal es – von der Anmutung her betrachtet – für das
Kind den lebendigsten optischen Kontakt herstellt. Der
Blick und auch die Stimme stellen die Kommunikation
her. Daher mag es rühren, daß der Mensch zunächst
so komprimiert dargestellt wird. An Armen und Beinen
markiert das Kind anfänglich oft mit einer Kritzelei, daß
sich da „noch etwas" befindet, bis sich später Striche
für Finger und Zehen absondern. Es ist spannend, mit-
zuverfolgen, wie sich das wachsende Bewußtsein des
Kindes, sein sich erweiterndes Verständnis für sich
und seine Umwelt, in seinen Zeichnungen nieder-
schlägt. Zwischen den Beinen markiert ein Punkt den
Nabel, ein Kreis wird zum Bauch, bis schließlich ein
Männchen daraus wird mit Leib, Kopf, Armen, Händen
und Füßen. Allmählich treten Attribute hinzu für männlich und weiblich, und schließlich, am Ende des Vor-
schulalters, wird das Ganze reichhaltig variiert.

So ähnlich die Sinnzeichen der Kinder von der Struktur
her sein mögen, so individuell ist die Art, wie sie entwickelt und eingesetzt werden. Temperament und Zuneigung des Kindes, Vorlieben, aber auch Konflikte
und Ängste werden sichtbar und ablesbar.

In seiner Bildsprache tauchen alle dem Kind wesentli-
chen Bereiche seiner Umwelt auf: die Eltern und Geschwister, das Haus und die Straße, Pflanzen, Bäume
und nicht zuletzt die Tiere, die Technik, die Spielsachen usw.

Menschenbilder von Kindern zwischen 4 1/2 und 5 1/2
Jahren. Bei einigen kann man schon männlich und
weiblich unterscheiden.

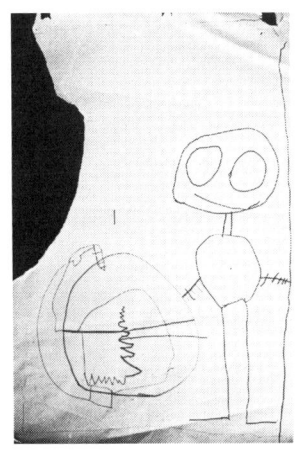  

 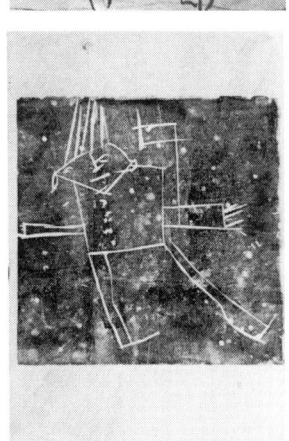

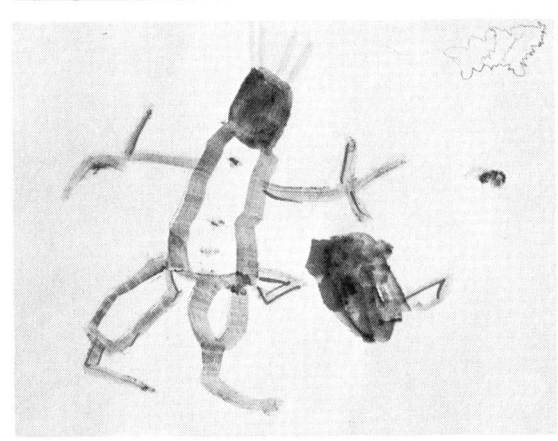 

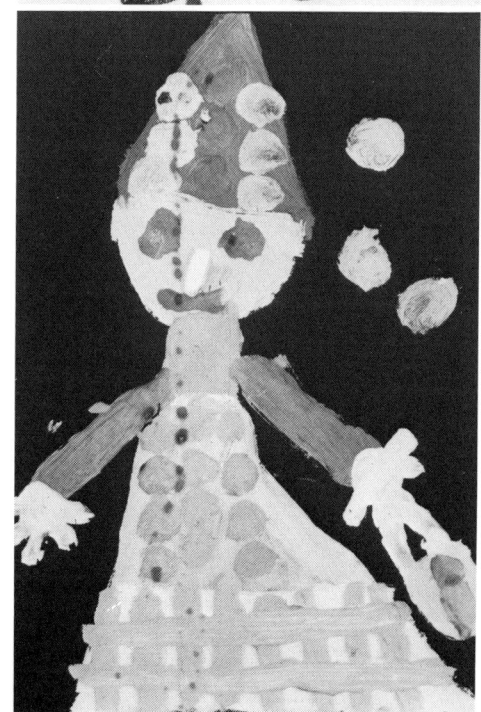

Die Raumordnung in der Kinderzeichnung

All diese Dinge treten zueinander in Beziehung. Ihre Darstellungsweise, ihr Differenzierungsgrad, ihre Anordnung, ihre Größe und Farbe interpretieren das Weltverständnis des Kindes.

Die allerersten Zeichen haben sicher noch keinen Ordnungsbezug zum Blatt. Das Kind zeichnet, wie das Blatt eben liegt. Die Anordnung ist zufällig und nicht gewollt. Man spricht deshalb auch vom „Streubild". Die Dinge sind auf dem Blatt verteilt, wie wenn sie zufällig ausgestreut worden wären. Bald jedoch unterscheidet das Kind nach unten und oben. Oft kennzeichnet es diese Ordnung auch durch je eine Linie – blau für Himmel und evtl. grün für Boden. Jetzt hat sich das Kind einen Bühnenraum geschaffen, auf dem sich alles abspielen kann. Menschen, Pflanzen, Häuser etc. stehen auf dem Boden. Wolke und Sonne hängen am Himmel. Dazwischen ist Raum für Vögel, Schmetterlinge, Flugzeuge usw. Die „Standlinienbilder" verwenden die Kinder sehr lange, oft noch als 8- und 10jährige.

Im allgemeinen reicht diese Raumordnung aus. Schwierig wird es erst, wenn die Fantasie des Kindes so vielerlei Dinge darstellen will, daß die Standlinie nicht mehr genügend Raum bietet, um alles unterzubringen. Da ein Kind alles so klar und deutlich wie möglich zeichnen will, verbietet sich ihm ein „davor" und „dahinter". Es vermeidet Überschneidungen. Es muß also eine andere Lösung anstreben. Manchmal zeichnet es sich nun neue Standlinien in das Blatt, um mehr „Boden" zu haben, oder aber es klappt die Dinge in die

Reich verzierte Menschenbilder von Kindern kurz vor dem Schuleintritt

Fläche. Man meint, von oben auf die umgelegten Dinge zu sehen. Ein Sonderfall ist das sogenannte „Drehbild". Da das Kind die Dinge nicht so zeichnet, wie wir sie sehen, kann es eine Straßenkreuzung nicht als fluchtpunktperspektivisches Problem darstellen. Es klappt die Kreuzung in die Fläche. Sie sieht aus wie ein Kreuzband. Nun stehen auf der einen Straßenseite Häuser und Bäume – auf der anderen aber auch. Das Kind dreht das Blatt und zeichnet sie wieder an den Straßenrand. In diesem Verhalten wird die zwingende Logik der Kinderzeichnung sichtbar. Für uns Erwachsene scheinen die einen Häuser auf dem Kopf zu stehen, für das Kind stehen sie an der anderen Straßenseite. Wir sehen die Dinge von außen und stellen sie lieber als optische Täuschung „falsch" dar (im Sinne des Wesens der Dinge), um sie „richtig" erscheinen zu lassen. Keine Straße wird nach hinten schmäler, kein Haus niedriger usw. Das Kind hat mit seiner Darstellungsweise Ausdrucksmöglichkeiten, die uns versagt bleiben. Vgl. Abb. S. 35!

Innen und außen

Wir können z. B. schlecht einen Menschen mit Kopfweh zeichnen. Für das Kind ist das kein Problem. Es zeichnet, was ihm wichtig erscheint, gleichgültig, ob es von außen sichtbar ist oder nicht. Ein Haus zeigt sich von außen mit Vorderseite und Seitenansicht. Zugleich sieht man Zimmer, Treppe, Tisch und Stühle. In der Fachsprache nennt man diese Darstellungsform „Röntgenbilder", man sieht gleichsam in die Dinge hinein, wenn sich die Notwendigkeit ergibt. So zeichnete ein kleiner Bub ein Selbstbildnis mit einem dicken Bauch. Im Leib zeichnete er viele Kreise. Als ich ihn fragend anblickte, sagte er stolz: „Das sind Knödel. Ich hab' gestern acht Knödel gegessen!" So hat schon Wilhelm Busch seinem jungen Maler Klecksel das Essen in den Leib rinnen lassen ...

Alle Seiten zugleich

Dieses Bemühen, alles möglichst genau und richtig zu zeichnen, veranlaßt das Kind, bei der Darstellung gleichsam um das Objekt herumzugehen und es von verschiedenen Seiten zu zeichnen. So sieht man bei einem Wagen evtl. die Ladefläche von oben und außen herum die vier Räder, gleichsam abgeklappt. Bei der Darstellung eines Tisches tritt das simultanperspektivische Problem häufig auf. Zunächst wird der Tisch von vorne gesehen, mit zwei Beinen. Dann steigt die Platte nach oben, und „irgendwie" sitzen noch die beiden anderen Beine dran. Ebenso werden bei einem Haus Vorder- und Seitenansicht, u. U. sogar noch die Rückseite, gleichberechtigt nebeneinander gestellt. Das Kind zeichnet eben von seinem Wissen her, nicht von der Anschauung. Das führt oft zu merkwürdigen Lösungen. Wenn Kinder das menschliche Profil entdecken, zeichnen sie den Kopf in Seitenansicht. Sie wissen aber, daß der Mensch zwei Augen hat. Deshalb setzen sie die zwei Augen nebeneinander usw. Hier stoßen Wissen und Beobachtung zusammen.

Das Wichtige ist groß

Weil das Kind von der Sache her zeichnet, kann es auch völlig frei proportionieren. So wird alles, was ihm wesentlich ist, groß gezeichnet. Daraus erklärt sich, daß in der Kinderzeichnung der Mensch so groß ist wie die Häuser und Bäume. Aber auch die Größenunterschiede der Menschen untereinander haben ihre Bedeutung. Das bringt gesteigerte Ausdrucksmöglichkeiten, weil neu erlebte Bewußtseinsinhalte in der Zeichnung deutlich gemacht werden können. Auf einem Selbstbildnis eines kleinen Buben beobachtete ich zwischen den Augen und dem Mund noch einmal zwei große Kreise. Es stellte sich heraus, daß der Bub Katarrh hatte. Nun durfte er sich ein Linderungsmittel in die Nase sprühen. Zum erstenmal war ihm so richtig klargeworden, daß an der Nase unten zwei Öffnungen sind. Diese Nasenlöcher konnte man nun auf seinem Blatt bewundern.

Man könnte viele Beispiele anführen, wie nach einem Zahn- oder Ohrenarztbesuch riesige Gebisse und Ohren mit Öffnung auftauchen usw.

Durch diese Ausdrucksproportionierung hat das Kind die Möglichkeit, Dinge nicht nur einfach darzustellen, sondern sie zugleich zu werten und zu interpretieren. Dieses Stilmittel ist in vielen Kulturkreisen bekannt. Für den naturalistisch denkenden Erwachsenen sind die anscheinend falschen Proportionen oft Anlaß zur Kritik, die vom Kind weder verstanden noch aufgenommen werden kann.

Rot und Violett

Man kann selbst den Versuch machen und seine Kinder nach den Lieblingsfarben fragen. Die meisten antworten: „Rot und Violett." Vor einigen Jahren spielte Violett in der Vorliebe der Kinder kaum eine Rolle. Woher der neue Stellenwert rührt, kann ich nicht erklären; er ist aber unübersehbar. Auch die Kleinkinder reagieren auf Farben, auch wenn sie sie noch nicht orten können. So zeigen Versuche, daß Babys auf farbiges Licht verschieden reagieren, ruhig oder unruhig, und daß sich ihr Pulsschlag verändert. Mit wachsendem Sehvermögen bevorzugen die Kinder leuchtende, fast knallige Farben, da sie für die Wahrnehmung mehr Signalwert haben. Kalte Farben wie Blau sind weniger

„Eisenbahn, Häuser, Baum und Schmetterlinge" – ein Standlinienbild mit eingeschobener „Hilfsstandlinie"

beliebt (doch gibt es immer Ausnahmen). Dabei besteht noch einmal ein Unterschied zwischen Wunschfarben und Zugriffarben. Das heißt, daß sich Kinder aus einem Angebot oft spontan eine Farbe herausgreifen, die sie nicht als ihre Lieblingsfarbe angeben. Beim Malen läßt sich immer wieder zeigen, daß die Farben für die Kinder auch emotionsgeladen sind. Einige Farben haben Nenncharakter wie Blau für Himmel, Grün für Wiese und Rot für Dach. Damit ist aber meist die Lokalfarbenkoloristik zu Ende. Oft setzen Kinder die Farben expressiv ein, nach größtmöglicher Steigerung der Leuchtkraft, dem Komplementärkontrast usw. Dabei kann man aber auch sehen, wie Gegenstände, die mit positiven Werten belegt sind, Farben aus der Gegend der Lieblingsfarben bekommen und abgelehnte Dinge Kontrastfarben dazu. Man kann diese Grundstimmungen gelegentlich heranziehen, wenn die Arbeiten der Kinder interpretiert werden sollen. Dabei möchte ich aber gleich eine Warnung aussprechen: Es besteht die größte Gefahr, eigene Urteile und Vorurteile in die Arbeit hineinzuprojizieren und dann (natürlich „schlüssig") wieder herauszulesen. Man müßte schon viele Arbeiten eines Kindes zur Verfügung haben und den Zusammenhang zu den angebotenen Malmaterialien kennen. Oft erklärt sich die angebliche Vorliebe für bestimmte Farben aus dem Fehlen der anderen im Farbkasten. Insgesamt sagt die Verwendung von Farben aber schon etwas aus über die Gefühlswelt des Kindes.

Deutung und Bedeutung

Jedem Erzieher, der mit Kinderzeichnungen umgeht, stellt sich wiederholt die Frage: „Was bedeuten die Arbeiten? Kann man sie deuten?" Worin die Hauptgefahr besteht, wurde eben schon gesagt. Wenn ich nicht sogleich eine Charakterdeutung ansteuere, erfahre ich sehr viel über das Kind, wenn ich seine Arbeiten gewissenhaft lese. Die Art der Strichführung sagt etwas über das Temperament. Aber auch hier existiert wieder die Schwierigkeit der präzisen Deutung: Zeugt der zögernde Strich von Unsicherheit oder von abwägendem Überlegen? Ist der forsche Strich ein Zeichen für Sicherheit oder sogar von Brutalität? Diese groben Andeutungen zeigen schon, daß man die Zeichnungen nicht aus dem Zusammenhang der sonstigen Beobachtungen nehmen kann. Die Zeichnung kann uns helfen, das Verhalten des Kindes mitzuinterpretieren. Wir können ihr entnehmen, worüber das Kind nachdenkt und wie es das tut, was es interessiert und liebt, wovor es Angst hat, was es will usf.

Es gibt eine Reihe von Zeichentests, die allerdings ein Spezialstudium voraussetzen, will man sie richtig einsetzen. Sie werden in der Psychodiagnostik verwendet. Dabei unterscheidet man zwischen projektiven Tests und Leistungstests. Unter Projektion versteht man dabei einen Vorgang, bei dem eigene – einem selbst nicht bewußte – Strebungen in die Arbeiten oder in die Auswahl von Farben projiziert werden. So entwickelte Lüscher einen Farbtest, wobei man aus der Farbenauswahl Rückschlüsse auf die Person des Probanden ziehen kann. In der Fachwelt ist der Test nicht unumstritten. Auch der Farbpsychologe Frieling arbeitet mit Farbpaaren, aus denen man eines auswählen soll, das einem am meisten zusagt, danach das nächstsympathische.

Bei den Zeichentests wird jeweils versucht, das Thema, das Zeichenmaterial und das Format so einzuschränken, daß die Ergebnisse vergleichbar werden. Das gilt z. B. für den „Baumtest" von Koch. Für die Auswertung steht eine Merkmalliste zur Verfügung, die sehr ausführlich ist. Verschiedene Tests fordern das Zeichnen eines Menschen, wobei sich für die Auswertung dann die Fragen stellen, wie das Kind die Gestalt gezeichnet hat, wen es zeichnete und was es damit sagen will. Wiederum eine andere Gruppe von Tests gibt bestimmte Formen vor, die entweder ergänzt

(Wartegg-Zeichen-Test) oder gedeutet (Rorschach-Test) werden sollen. Aus den sich einstellenden Assoziationen schließt man auf vor- und unbewußte Gegebenheiten.

Ein Test soll etwas ausführlicher besprochen werden, da er auch in der Hand der Erzieherin nützlich sein kann, wenn sie bereit ist, die Unterlagen gewissenhaft zu studieren. Gemeint ist der „Familie-in-Tieren-Test" von Luitgard Brem-Gräser. Das Kind wird dabei aufgefordert, die ganze Familie in Tieren darzustellen, auch sich selbst. Es wird keine zeitliche Begrenzung festgelegt. Im Anschluß an die Zeichnung unterhält sich die Erzieherin mit dem Kind (allein) über das Blatt, welches Tier wen darstellt und – soweit möglich – warum. Der Test soll Aufschluß geben über die jeweilige Familiensituation, wie sie vom Kind erlebt wird als Eltern-Kind-Beziehung wie als Geschwister-Konstellation. Die Übersetzung in die Tierwelt gibt die Möglichkeit, Eigenschaften sichtbar werden zu lassen, mit denen Menschen Tiere längst belegt haben. Dabei muß man allerdings das Auswertungsmaterial sehr genau kennen, damit man nicht allzu vordergründig zu deuten anfängt. Jedes Tier läßt eine polare Interpretation zu. Welcher Pol gemeint ist, ergibt oft erst das Gespräch mit dem Kind. So ist die Schlange positiv: geschmeidig, klug, schnell, gewandt, flink; negativ: tückisch, verführerisch, bös, falsch, listig, täuschend usw.; der Vogel positiv: beschwingt, lustig, rege, singend, fidel, fliegend usf. – negativ: schwankend, kleinmütig, flüchtend, frech, naschhaft.

Die Deutung des Ergebnisses verläuft in Stufen:
– Graphologische Deutung
– Die Reihenfolge des Zeichnens der Tiere
– Darstellung der Familie mit gleichen oder verschiedenen Tieren
– Gruppierung der Tierfamilie
– Größenverhältnis der Tiere
– Eigen- und Symbolcharakter der Tiere
– Deutung in bezug auf die Problematik des Kindes.

Zu den bekanntesten Leistungstests zählt auch der „Zeichne-einen-Menschen-Test" von Buch. Dabei werden Aufgaben gestellt, bei denen aus der Anzahl der Attribute Rückschlüsse auf den Intelligenzquotienten gezogen werden.

Der Erzieherin werden diese Tests aus den Schulreifebogen nicht unbekannt sein, ebensowenig ihre Problematik im Zusammenhang mit der Situation und Motivation der Kinder. Über kreatives Verhalten des Kindes sagt der Test in der vorliegenden Auswertung nichts aus. Es ist erstaunlich, daß diese Fähigkeit in den üblichen Schulreifetests keine Rolle spielt. Hier spiegelt sich sehr deutlich eine Erziehungsauffassung, die Anpassung als Erziehungsziel sehr ernst nimmt.

4. Motivation

Wenn wir als Erzieher Kindern gegenübertreten, werden wir versuchen, sie durch entsprechende Aktivitäten für eine Sache zu gewinnen. Wir versuchen sie zu motivieren. Die Kinder sollen ja lernen – nicht im Sinne schulischen Aneignens von abfragbaren Inhalten, sie sollen vielmehr auf Grund unserer Begegnung angeregt werden, ihr Verhalten zu ändern. Das ist nur bis zu einem bestimmten Grad möglich. Reifungsprozesse oder angeborene Reaktionstendenzen stecken schon einen äußeren Rahmen ab.

Ausgangspunkt für jede Art von Motivation ist das Selbst des Kindes. Dieses Selbst erfährt sich in bestimmten Rollen und Handlungen in einer Welt der Beziehungen. Es lernt sich kennen, steuern und abgrenzen. Es erlebt sich als unauswechselbare Person mit spezifischen Eigenschaften, Fähigkeiten und Funktionen. Aufgrund seiner Lerngeschichte hat es eine Reihe von Erfahrungen gemacht, Bestätigungen und Ablehnungen erlebt und daraus entsprechende Motive entwickelt.

Ursprünglich ist das Kind noch nicht festgelegt, in welcher Richtung sich Motive und Werthaltungen entwickeln. Es ist hilflos geboren und braucht deshalb Hilfe, um in das soziokulturelle Gefüge hineinwachsen zu können. Es liegt also an der erziehenden Umgebung, bewußt oder unbewußt bestimmte Richtungen von Motiven zu ermöglichen und zu verstärken. Ein Motiv ist dabei eine dauerhafte psychische Grundgestimmtheit. Die Motive bestimmen auch das Verhältnis oder die Beziehung des Kindes zu bestimmten Inhalten oder Handlungsweisen. Jede Sache hat für das Kind ein sogenanntes Bedeutungsrelief (Hans Schiefele).

Wenn Lernen zu einer Verhaltensänderung führen soll, muß die Motivation dieses Bedeutungsrelief beachten. Sie muß vom Selbst des Kindes ausgehen. Nur dann wird ein Regelkreis in Gang gesetzt, der etwa so verläuft:

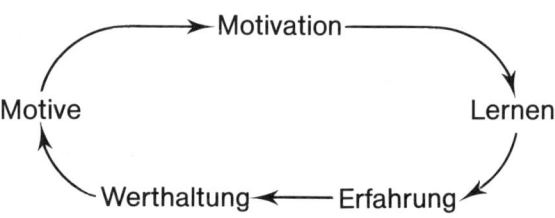

Wir müssen davon ausgehen, daß Motive gelernt werden. Durch einen Impuls von außen (z. B. durch die Erzieherin) oder durch das Erlebnis, daß gewisse Umweltzusammenhänge nicht mehr stimmen, tritt eine bestimmte Motivation ein. Dadurch wird ein Lernen eingeleitet, das zu Erfahrungen führt, die nun wiederum die Motive beeinflussen. Voraussetzung für die Motivation ist eine grundsätzliche Aufmerksamkeit im Wertbezug. Der größte Grad an Aufmerksamkeit ist dann anzutreffen, wenn die Aktivität von der Person ausgeht oder wenn es gelingt, das Selbst des Kindes soweit zu aktivieren, daß es eigenen Antrieb entwickelt. Das ist dann auch der Augenblick der größten Selbstidentifikation, verbunden mit Selbstverantwortung.

Dies setzt aber voraus, daß das Kind die Chance bekommen muß, seine eigene Kompetenz zu erfahren.

Es muß spüren, daß es eine Persönlichkeit ist, ein Selbst hat, das es miteinbringen kann bei Leistungen, in Kooperation, bei Interessenbekundungen. Die Ich-stärkung des Kindes ist also auf dem Weg zur Selbständigkeit des Kindes wesentliche Voraussetzung. Dabei ist diese Identität mit sich selbst ein Lernvorgang, bei dem das Kind erfährt, daß eine Ausgewogenheit bestehen muß zwischen Selbsteinschätzung und Fremdbestimmung.

Schon hier wird deutlich, wie wichtig die Rolle der Erzieherin ist.

DIE ROLLE DER ERZIEHERIN

Die Erzieherin steht hier für die erziehende Umgebung; gemeint sind auch die Eltern und Lehrer der ersten Grundschuljahre. Sie bestimmen den Grad der Selbstwerteinschätzung des Kindes. Sie haben es in der Hand, zur Ich-Stärkung des Kindes beizutragen. In ihrer Verantwortung liegt es, die Antriebe, Strebungen und Bedürfnisse richtig einzuschätzen.

Das setzt partnerschaftliches Verhalten voraus. Das Kind muß wissen, daß es angenommen ist, daß man es gelten läßt. Nur eine Situation gegenseitiger Zuneigung und des Vertrauens veranlaßt das Kind, sich zu exponieren. Ein Kind, das diese Situation vorfindet, antwortet im allgemeinen mit ebenso großem Vertrauen und intensiver Zuneigung. Es entsteht eine herzliche Beziehung zwischen Erzieherin und Kind. Eine eitle Erzieherin wird das genießen und das Kind möglichst fest an die eigene Person binden. Verantwortungsbewußtsein dürfte das nicht zulassen. Diese starke Bindung beraubt das Kind nämlich auch wieder seiner Freiheit. Die Aufgabe besteht darin, die Energie des Kindes auf eine Sache zu lenken, wobei die Vertrauensbasis bestehen bleibt, aber nicht mehr das Zentrum der Betrachtung ist.

Mir ist an dieser Stelle klar, welche Anforderungen diese Auffassung an die Erzieherin stellt, die allein mit einer großen Kindergruppe arbeiten muß. Man sollte trotz des oft entmutigenden Alltags aber die Zielperspektive nicht aus den Augen verlieren. Die Gefahr ist zu groß, daß man ins andere Extrem fällt und – weil man sowieso nicht mit jedem einzelnen Kind arbeiten kann – mit Anweisungen arbeitet oder, mit anderen Worten, autoritär auftritt.

Bei autoritärem Erzieherverhalten hat das Kind keine Chance. Um sein Selbst zu behaupten, d. h. aggressiv die eigene Autonomie zu verteidigen, hat es in diesem Alter weder Kraft noch Mut. Bleibt ihm eigentlich nur das Nachgeben. Es erfährt die eigene Minderwertigkeit, paßt sich an und gewöhnt sich frühzeitig, aber gründlich daran, auf jemand zu hören, der ihm sagt, was und wie es gemacht wird.

Der emotionale Bezug zum Erziehenden ist für das Lernen außerordentlich wichtig. Man lernt immer in Zusammenhängen. Soll mein Lernen zur Verhaltensänderung führen in bezug auf mein Selbst, kann das auf Dauer nur in einer Umgebung geschehen, in der dieses Selbst auch einen Platz hat. Im anderen Fall wird das Sachmotiv durch ganz andere Motive ersetzt, und die Sache selbst ist ohne Bedeutung. Das neue Motiv kann die Repräsentation vor der Erzieherin oder der Gruppe sein, die Abwendung von Angst usw. Aus diesen Gründen verbieten sich auch Verhaltensweisen des Erziehenden wie Sarkasmus, Ironie und ständiges Kritisieren. Sie werden vom Kind nicht vergessen. Man kann älteste Menschen nach ähnlichen Erlebnissen in der Kindheit oder Jugendzeit fragen, alle können sofort davon erzählen. Das sind psychische Wunden, die sich nicht mehr schließen.

Geduld und Humor sind wohl zwei ganz wichtige Eigenschaften der guten Erzieherin. Beide bewirken, daß sich das Kind gehalten weiß, daß es bei Fehlschlägen nicht alleingelassen ist. Fehler sind dann kein Versagen, sondern Lösungen, die im Augenblick nicht brauchbar sind.
Freilich sind so selbständig erzogene Kinder keineswegs immer ,,angenehm".

DAS KREATIVE KIND

Zunächst sind diese Kinder ungewöhnlich neugierig. Sie möchten alles wissen. Alles wird hinterfragt. Überall lauern Probleme, neue Gesichtspunkte, die herausgeholt werden müssen. Wir haben die Kinder vor uns, die uns das berühmte Loch in den Bauch fragen. Es mag schon Tage geben, an denen uns das an die Nieren geht. Wir sollten wissen, daß diese Kinder eine Problemsensibilität zeigen, mit einer Grundoffenheit, die schnell verlorengeht, wenn wir nicht ,,mitspielen".

Dabei ist unsere Ansicht nur eine von möglichen. Was wir sagen, ist eben eine Ansicht. Es mag andere geben. Das muß erst herausgefunden werden. Amtsautoritäten gibt es nicht, höchstens Sachkompetenzen.

Das gibt an sich eine erfreuliche persönliche Freiheit, die verzögerte Reaktionen zuläßt, d. h., aus einer Distanz heraus kann ich Lösungen suchen, abwägen, verwerfen. Kreative Kinder zeigen oft intensiven motorischen Einsatz. Sie sind mit der ganzen Person beteiligt. Da ,,geht es oft zu ..."

Zudem haben sie ein ausgeprägtes Mitteilungsbedürfnis. Hier werden zwei Fähigkeiten deutlich. Einerseits reagieren diese Kinder sehr schnell und leicht auf Impulse von außen mit Ideen, Vorstellungen, Einfällen und Erinnerungen; andererseits finden sie ohne Schwierigkeiten die Worte, um das auszudrücken. So wertvoll diese Fähigkeiten an sich sind, eine unerfahrene Erzieherin können sie an den Rand der Verzweiflung bringen: Sie hat die Gruppe im Kreis um sich sitzen, erzählt eine ergreifende Geschichte ... Da ist nun einer im Kreis, der bei jedem Wort einhakt: ,,Da fällt mir ein ... Erst gestern ... Neulich ..." usw.

Kreative Kinder sind sehr ausdauernd. Wenn sie für eine Sache Feuer gefangen haben, ist es nicht leicht, sie zum Aufhören zu veranlassen. Das Wort ,,Aufräumen" scheint einer anderern Sprache, einer fremden Welt zu entstammen.

Kurzum, kreative Kinder sind eine Herausforderung – allerdings vor allem für die Erzieherin, die selbst nicht mehr den Mut zu Spontaneität, zum Spiel hat. Wer sich selbst einen Rest von Kreativität gerettet hat, für den sind diese Kinder eine ständige Anregung. Man befindet sich im gleichen Boot und erlebt eine Fahrt mit vielen Überraschungen und viel Spaß.

VERFAHREN

Wer aus dem Vorhergesagten nun den Schluß ziehen würde, es reiche, am Morgen gut gelaunt zu seinen Kindern zu eilen, alles andere entwickle sich schon, hat vieles mißverstanden. Kreativitätsbezogene Kinderarbeit stellt höchste Anforderungen an die fachliche Qualität der Erzieherin und an ihre Wendigkeit. Wir haben schon festgestellt, daß Kreativitätserziehung bestimmte emotionale Voraussetzungen braucht. Kreativität kann einerseits ermöglicht werden, man kann sie dazu aber auch noch organisieren. Das setzt eine gute

und breite Vorbereitung voraus. Eine autoritäre Erzieherin hat einen Plan für den Vormittag, der wie die Uhr abläuft. Die Kinder haben einfach mitzumachen. Die kreativitätsfördernde Erzieherin hat ihr Ziel für den Vormittag und muß nun überlegen, mit welchen Verfahren sie die Kinder soweit aktivieren kann, daß sie ihre Wege und Lösungen mit einbringen können. Dabei müssen viele Eventualitäten vorhergesehen werden – allein schon wegen der vielleicht nötigen Materialien.

DER KREATIVE PROZESS

Um das deutlicher zu machen, müssen wir noch einmal einen Exkurs über Kreativität einschieben. Um kreatives Verhalten in pädagogischen Aktionen ermöglichen zu können, sollte man den Ablauf von kreativen Prozessen kennen. Sie laufen anscheinend alle nach einem Grundmuster ab, das man in vier Phasen aufgliedern könnte:

– Problemphase: Es stellt sich ein Problem. Es wird von mir benannt, oder für das Kind entsteht ein Problem.
– Suchphase: Im Vorbewußten werden alle Informationen abgetastet, die mit der Lösung zu tun haben könnten. Es wird gesucht, mit Gedanken und Vorstellungen gespielt, Materialien werden ausprobiert. Es wird experimentiert.
– Lösungsphase: Es entstehen Lösungen.
– Verwirklichungsphase: Sie werden formuliert, gemalt, gebaut, gespielt etc.

Wenn wir ästhetische Erziehung im Rahmen einer umfassenden Kreativitätserziehung durchführen wollen, müssen wir vor allem die Suchphase kultivieren. Sie kommt in unserem Erziehungssystem bei weitem zu kurz. Wir sollten gewissenhaft überlegen, wo sich für unsere Kinder Gelegenheit schaffen läßt, um eigene Initiativen zu entwickeln, Entscheidungen zu treffen, Erfahrungen zu sammeln mit Inhalten, Materialien, Werkzeugen, kurz, um zunächst verschiedene Lösungen anzusteuern und dann auszuwählen.
Dazu ist es nötig, sich bei der Planung einige Fragen zu beantworten:

– Was möchte ich konkret erreichen?
– Um welche Inhalte geht es?
– Welche Verfahren wähle ich für Ziel und Inhalt?
– Welche Themen sind angemessen für Ziel, Inhalt und Verfahren?
– Benötige ich Medien?

41

– Durch welche pädagogische Aktionsform kann ich die Kinder anregen, auch bei der Beantwortung der obigen Fragen und ihrer Lösung mitzuhelfen?

Das Sammeln von Anregungen und Ideen sollte eigentlich permanenter Bestandteil unserer Arbeit sein. Die Kinder sollen Ideen bringen, wir regen sie dazu an. Häufig provoziert dann eine Idee die andere, Einfall kommt zu Einfall; zusammen hat man mehr Ideen als allein. Dabei kann schon helfen, wenn man die Eigenschaften einer Sache aufzählt. Die einzelnen Nennungen sind wie Reizworte. Sie holen versunkene Bilder wieder nach oben. Das ist im Grunde das System des sogenannten „Brainstorming", einer kreativen Denkmethode, bei der in einer ersten Phase die Ideen gesammelt, in einer zweiten ausgewertet werden. Wir werden beileibe mit unseren Kindern kein formgerechtes Brainstorming durchführen. Eine Regel sollten wir uns aber zu eigen machen: Beim Sammeln der Ideen wird nicht kritisiert. Das sollten auch die Kinder lernen! Wenn ein anderes Kind eine Idee äußert, sollte man erst einmal zuhören und abwarten, ob nicht etwas Brauchbares oder Anregendes daran ist. Bevor man sie sofort „killt", wie es in der Fachsprache heißt. Dieses abwartende Verhalten verschließt nicht sofort die eigene Reaktionsfähigkeit in Ideen und Vorstellungen, es ermöglicht aber dem Kind, auch einmal ungewöhnliche Ideen ohne Angst vor Blamage zu äußern. Selbstsicherheit entsteht nur, wenn ich bereit bin, mich zu äußern, ohne ängstlich nach links und rechts zu blicken, ob die Meinung auch genehm ist.

5.1 Die Welt der Sinne

Die Welt der Sinne ist ein nicht auszuschöpfender Erlebnisbereich. Alles erfahren wir über die Sinne. Ständig prasselt eine unübersehbare Flut von Sinneseindrücken auf uns herein, ohne daß wir in der Lage sind, auch nur einen Bruchteil davon wahr-zunehmen, d. h. bewußt zu verarbeiten. Da aber die Sinneswahrnehmung unseren Kontakt zur Umwelt herstellt, ist es von großer Bedeutung, wie sensibel und bewußt wir wahrnehmen, vor allem, ob wir grundsätzlich offen, aufnahmebereit sind. Dazu kann aber erzogen werden. Durch kleine Spiele wird die natürliche Neugier des Kindes noch gesteigert, das Kind wird angeregt, zu tasten, zu hören usw. und die Sinneseindrücke zu artikulieren. Dieses Umsetzen in Sprache (oder Bild, Gestik, Bewegung) setzt eine Klärung voraus. Wenn ein Kind mit der Hand über ein Stück Pelz fährt und sagt, was es dabei empfindet, so läuft in dieser Zeit ein komplizierter Denkvorgang ab. Es wird verglichen, entsprechende Worte werden gewählt, und dabei wird aber auch der Eindruck zum Ein-druck, er wird bleibend, wieder verfügbar; er wird zur Erfahrung, die von sich aus wieder die Wahrnehmung lenkt. Aus den vielen Möglichkeiten von Wahrnehmungsspielen im Vorschulalter werden hier einige Beispiele vorgestellt. (Es sei auch hier auf das Arbeitsheft ,,Ästhetische Elementarbildung'' verwiesen, das viele Beispiele aufzählt.)

Meist tasten wir nur mit den Augen – vor allem wir Erwachsenen. Wir haben es uns abgewöhnt, Dinge mit den Händen zu be-greifen, weil wir glauben, aufgrund unserer Erfahrung sagen zu können, wie sie sich anfühlen. Wenn wir aber wieder bewußt Oberflächenreize aufnehmen, sind wir erstaunt, wie intensiv und vielgestaltig diese Impulse sind. Oft zeigt sich bei einem derartigen Spiel eine Gänsehaut, oder ein Schauer jagt über unseren Rücken. Kinder reagieren stimmlich, sie transponieren das Erlebnis in keckernde Laute oder in andere stimmliche Analogien.
Zu den Urerlebnissen gehört auch die eigentlich alte Erfahrung, daß nicht nur die Fingerspitzen tasten können, sondern die ganze Haut. Kinder lieben es, mit verbundenen Augen mit den Füßen Gegenstände zu ertasten und zu erraten. Im Sommer, wenn die Kinder nur leicht bekleidet im Garten spielen, läßt sich dieses Spiel erweitern. Ein Gegenstand wird vorsichtig an den Rücken gehalten, an den Oberarm. Eine Schere z. B. ist gar nicht so leicht zu erraten, da sie bei diesem Spiel ganzheitlich erfaßt werden muß. Die Hand würde die Form abtasten. Im anderen Fall erfordert es eine große Konzentration.
Eine Rolle spielt auch, wie ich den Gegenstand angreife. Es ist ein großer Unterschied, wenn ich eine alte Holztischplatte vorsichtig streichle, mit festem Druck

angreife, darauf schlage. Es ist dieselbe Hand, derselbe Gegenstand, und doch ergeben sich so verschiedene Eindrücke.

Tastspiele sind sehr leicht mit Kindern durchzuführen: Die ganze Umgebung ist Tastfeld, und Oberflächenmaterialien sind leicht zu beschaffen.

„Das ist viel weicher" – Eine Tastwanderung

Wir wollten an diesem Tag mehr über unseren Raum erfahren. Durch eine einfache Frage waren die Kinder sehr schnell in Bewegung geraten. Ich hatte gefragt: „Wer findet in diesem Zimmer die kälteste Stelle?" Es ging also zunächst um Temperaturunterschiede. Nach kurzer Zeit schlugen die Kinder verschiedene Stellen vor. Wir verglichen sie miteinander und fanden schließlich die Umgebung des Wasserhahns am kältesten.

Die Kinder hatten bei diesem ersten Spiel die Sinnesreize der Umgebung sortiert und ausprobiert, bis sie aus der Kontrastwirkung sich für bestimmte Stellen entschlossen. Diese mußten nun verglichen werden, bis ein Ergebnis zustandekam. Man sollte den Denk- und Fühlvorgang, der dazu nötig ist, nicht unterschätzen.

Das zweite Spiel ergab sich von selbst. „Welches ist die heißeste Stelle?" Normalerweise wäre das die Heizung. Es war aber Sommer. Die Sonne schien durch die Scheiben. Natürlich war es überall heiß, wohin die Sonne schien. Manche Gegenstände erwärmten sich aber schneller und mehr als andere. Die Kinder staunten darüber nicht schlecht, als sie das feststellten.

Nun zogen wir durch das Zimmer und untersuchten die Temperaturen. Bald kamen aber neue Aspekte dazu. Die Kinder versuchten zu sagen, wie sich die Dinge anfühlten. Sie waren weich, hart, rauh, glitschig, flauschig, löcherig, uneben, porös usw. Ich war erstaunt, wie reichhaltig der Wortschatz war, der da zutage trat.

Nun bildeten wir „Nester" aus Gegenständen, die leicht zu transportieren waren. Es gab weiche, harte, rauhe und glatte Haufen. Es war lustig zu beobachten, wie Grenzfälle ausdiskutiert wurden, wie die Kinder immer wieder mit den Händen darüber fuhren und verglichen.

Diese „Nester" veranlaßten uns jetzt, im Wortschatz noch genauer zu werden. Die Dinge eines Haufens waren z. B. alle weich; wenn man sie unterscheiden wollte, mußten schon Assoziationen herhalten: Sie waren dann z. B. weich wie ein Schaffell. Die Gegenstände und das Tasten hatten viele Erfahrungen und Vorstellungen der Kinder ausgelöst und sie andererseits gezwungen, sehr frei zu sprechen.

„Das ist länglich, glatt und hat hinten Haare" – Das Tastkino

Kinder raten sehr gerne und erleben es ebenso freudig mit, wenn andere Kinder raten. Das Tasterleben läßt sich sehr leicht in ein Ratespiel miteinbauen. Am einfachsten geht das, wenn eine Decke über den Tisch gebreitet ist. So müssen nicht einmal die Augen verbunden werden. Nun steckt man etwas ungewöhnliche Gegenstände darunter, und die Kinder sollen sie erraten. Das läßt sich zu einem Kimspiel ausbauen. Hier sitzen die Kinder um den Tisch. Einige Gegenstände werden unter der Decke weitergereicht und still geraten; am Schluß sollen die Kinder erzählen, was sie alles getastet haben. Besonderen Spaß macht den Kindern das „Tastkino". Damit können sie auch spielen, wenn sie sich selbst beschäftigen. Man benötigt dazu nur eine große Schachtel. Sie wird auf einen Tisch gestellt – mit der Schmalseite nach unten. Nun schneidet man auf zwei gegenüberliegenden Seiten große Löcher in den Karton, groß genug, daß die Kinder mit den Armen hindurchfahren können. Nun legt man einen Gegenstand in den Karton. Ein Kind tritt heran, greift durch die Löcher und beginnt zu raten. Das ist im allgemeinen nicht schwierig, obwohl wir erstaunlich unbeholfen sind, wenn die Augen nicht zu Hilfe kommen. Das Spiel wird schwieriger, wenn wir kleine Pappkartonkarten mit Figuren bekleben, die wir aus einem anderen Karton ausgeschnitten haben (Kreis, Dreieck, Trapez, Haus, Kreis mit ausgeschnittenem Tortenstück usw.). Die Kinder ertasten die Formen und zeichnen sie anschließend auf. Meist können das die Kinder besser als die Erwachsenen.

Die nächste Steigerung des Tastkinospiels ist die Umkehrung des Rätselspiels: Nicht das tastende Kind errät den Gegenstand, sondern die anderen Kinder raten, was das eine Kind ertastet. Dazu ist es nötig, daß dieses Kind nicht sofort verrät, um welchen Gegenstand es sich handelt, sondern daß es beschreibt, was es empfindet. Die Überschrift dieses Abschnitts z. B. meint eine Kleiderbürste. Das Kind versucht den anderen zu sagen, was es in der Hand hält, welche Form es hat, wie es sich anfühlt usw.

„Such doch einmal Deine Schachtel" – Die Tastplastik

Für diese und die nächste Aktion brauchen wir sehr viele verschiedene Oberflächen. Wir baten die Eltern, uns zu helfen. So hatten wir bald einen chaotischen Berg von Stoffen (Rupfen, Jute, Batist, Seide, Leinen etc.), Netzen (auch Stores, Spitzen), Leder, Plastik (Folien, Styropor), Korkplatten, Fellen und Pelzen, Schmirgelpapieren, Fliegengittern, plastischen Tapeten, Wellpappe und vielem mehr. Die Kinder sortierten, die einen – systematisch – nach weich, hart usw., die anderen suchten aus – nach Anmutungsgrad –, was ihnen gefiel. Nun bekamen die Kinder Kartons, die wir im Supermarkt erbettelt hatten. Sie begannen, sie innen mit verschiedenen Oberflächen zu überziehen. Es gab weiche, glatte, rauhe und viele gemischte Schach-

teln. Fast andächtig untersuchten die Kinder. Nun klebten wir die Rück- bzw. die Seitenwände der Kartons so aneinander, daß ein „Turm" entstand. Mitten im Zimmer ragte er auf, gerade so hoch, daß die Kinder noch hinaufreichten, und ziemlich umfangreich. Die Kinder schlichen herum und tasteten in den Schachteln. Nun spielten wir verschiedene Spiele mit unserem Turm. Einem Kind wurden die Augen verbunden. Es sollte „seine" Schachtel suchen. Das war gar nicht so einfach bei dem großen Angebot. Oder es bekam gezielte Aufträge von den anderen Kindern: „Leinen", „Seide", „Schmirgelpapier" usw. Oder es berichtete, was es spürte: „rauh, uneben, wird warm, wenn ich darauf greife" (Styropor) usw. Interessant war zu hören, wie fast alle Kinder spontan mit ihrer Stimme auf die Tastimpulse reagierten, nicht mit Worten, sondern in entsprechenden Geräuschen. Es fehlen die Worte, die vielen Nuancen zu beschreiben. Die Kinder summten (wobei sie lauter und leiser wurden), gurrten, krächzten, quakten und schnarchten. Das entwickelten wir zu einem Spiel: Wir versuchten für alle Oberflächen Geräusche zu finden, die dem Tasterlebnis entsprachen. Es war ein tolles Konzert. Als wir alles durchprobiert hatten, spezialisierten wir uns. Die einzelnen Kinder waren für bestimmte Geräusche zuständig. Nun ging ein Kind an den Turm heran und legte die Hand auf eine Oberfläche. Das war der Einsatz für die „rauhen" Kinder. Es ging eine ganze Zeit so. Dann spielte das Kind mit zwei Händen; schließlich spielten zwei Kinder an der Wand. Wir hatten ein vierstimmiges Orchester, das sehr viel lachen mußte, weil nicht immer alles funktionierte.

Schon am Morgen ein paar Streicheleinheiten – Die Tastwand

Es gibt Bilder für die Augen und solche für die Hände. Das leuchtet den Kindern schnell ein. Wenn sie nun die

Möglichkeit haben, auf große Kartons (z. B. Rückseiten von Blöcken) Tastbilder zu kleben, kann man sehen, daß sie die Oberflächen genauso auswählen wie die Farben beim Malen. Manche Kinder kleben dann gegenstandslose Bilder, andere arbeiten ornamental und wieder andere versuchen, die Oberflächen so aneinanderzureihen, daß sie ein gegenständliches Bild ergeben (Hexe usw.). Wenn wir diese Tastbilder nebeneinander an der Wand befestigen, haben wir fast umsonst eine sehr reizvolle Wand, an der sich die Kinder erfahrungsgemäß sehr viel aufhalten. Das ganze könnten wir aber auch noch wesentlich „professioneller" gestalten. Im Gang des Kindergartens oder im Foyer findet sich bestimmt noch eine Wandfläche, die wir in eine Tastwand umgestalten können. Dazu lassen wir uns beim Schreiner rechteckige Hartfaserplatten zuschneiden (Format ca. DIN A 4, also Größe von Schreibmaschinenpapier). Wer Mut hat, kann auch Rechtecke verschiedener Formate zuschneiden lassen und die ganze Fläche in Mosaikmanier zusammensetzen. Diese einzelnen Rechtecke werden nun je mit einer Oberfläche überzogen, etwa mit Rupfen, Fell, Schmirgelpapier, Leder usw. Nun kann die gesamte Fläche so ausgelegt werden, daß für das Tasten Kontraste entstehen, daß die Flächen aber auch farblich aufeinander abgestimmt sind. Zum Schluß werden die vielen Flächen auf eine oder mehrere Preßspanplatten geleimt, die dann mit Dübeln in der Wand verankert werden. Die Wände haben einen hohen ästhetischen Reiz. Mir gefallen sie besser als gelegentlich die „Kunst" an der Wand. Vor allem provozieren sie die Kinder sehr stark. Schon in der Frühe streichen sie mit den Händen über die Fläche, erleben bewußte Tastimpulse. Zudem haben wir im Kindergarten eine neue Spielwand, die vielfältig einzusetzen ist, nicht zuletzt zur Sprech- und Sprachförderung.

„HEUTE RIECHT ES ABER KOMISCH" – EIN KLEINES KAPITEL FÜR DIE NASE

Viele Kindheitserinnerungen sind mit Gerüchen verbunden. Bei bestimmten Gerüchen tauchen Ereignisse wieder auf, die man längst vergessen wähnte. Dabei schnuppern die kleinen Kinder schon gerne. Man muß sie aber immer wieder anstupsen. Ein alter Lehrsatz der Wahrnehmungspsychologie heißt nämlich: Ein ständig wiederholter Reiz wird nicht mehr wahrgenommen. Er nützt sich ab. Man kann das selbst ausprobieren. Wenn man seine Hand auf den Arm legt und nicht mehr hinblickt, kann man nach einiger Zeit nicht mehr sagen, ob die Hand noch daliegt oder nicht, oder wo sie genau liegt. Erst durch Streicheln entstehen neue Wahrnehmungsimpulse. Gerüche, die uns umgeben, werden nur am Anfang aufgenommen, dann „gewöhnt" man sich daran. Erst wenn man sich wieder bewußt konzentriert, tauchen sie wieder auf.

Eine Riechwanderung kann uns dabei helfen. „Riecht es überall im Zimmer gleich?" – „Wie riecht es im Gang?" – Wie riecht die Erde?" – „Wie riechen die Blumen im Garten?"
Eine Riechwanderung durch den Ort kann sehr viel Spaß machen. „Wie riecht es in der Gärtnerei?" Gerüche mit Worten zu benennen, ist schwierig. Man wird häufig Vergleiche gebrauchen müssen. Diese aber aktivieren den Erfahrungsschatz des Kindes. Ein Besuch auf dem Bauernhof kann ein großes Erlebnis werden. Allein die Gerüche in den verschiedenen Ställen, im Haus, im Hof, in der Scheune, dann der Geruch von Heu, von Milch, von Butter usw. Oder Besuche in der Apotheke, im Krankenhaus, in der Fabrik, beim Bäker, Metzger, im Milchgeschäft, im Obst- und Gemüseladen, beim Schreiner usw.

„Häuser". Zeichnungen eines 6jährigen Mädchens, das dieses Thema mit wahrer Begeisterung ständig wiederholte. Vgl. Kapitel „Bildsprache" S. 22–37.

47

Erleben es unsere Kinder eigentlich noch, wie frisch geschnittenes Gras riecht, verschiedene Bäume, Dünger etc.

In Kindertagesstätten mit Küche wird täglich ein kostenloses Riechspiel geliefert: „Was gibt es heute?" Nach kurzer Zeit bewußten Riechens kann man das sehr genau wahrnehmen.

Und ein Dreieck für die Nase ... – Riechspiele

Natürlich lassen sich sehr leicht Riechspiele erfinden. Allein eine kleine Sammlung von Kosmetika (Parfüm, Kölnisch Wasser, Zahnpasta, Hautcreme usw.) ergibt ein Kimspiel. Die Kinder riechen der Reihe nach an den Fläschchen und Dosen. Hinterher sollen sie mit verschlossenen oder verbundenen Augen raten, was das jeweils war. Das setzt ein bewußtes Wahrnehmen des Geruchs voraus, ein Geruchsgedächtnis und die Fähigkeit, zu vergleichen und wiederzuerkennen. Ähnliche Spiele lassen sich zusammenstellen aus Kräutern, aus Speisen, Pflanzen, Getränken, Farben, Putzmitteln u. ä.

Wenn zum Beispiel im Zimmer verschiedene Blumen in Vasen stehen und die Kinder daran geschnuppert haben, können wir eine Blume herausnehmen. Die Kinder sollen dann erkennen, woher die Blume stammt. Ein einfaches Riechkino entsteht, wenn wir Schuhkartons auf die Schmalseite stellen und in den Boden ein dreieckiges Loch für die Nase schneiden. Wir können dann in der Schachtel jeweils ein Geruchsmotiv (z. B. in einem Glas) aufstellen und den Tag über stehen lassen. Am nächsten Tag gibt es ein neues Programm.

„DAS SCHMECKT JA SCHAUDERHAFT ..." – SPIELE FÜR KÜNFTIGE FEINSCHMECKER

Jeder Arzt wird einem versichern, wie wichtig es für die Gesundheit ist, wenn man bewußt ißt. Das ist leicht einsehbar. Man ißt langsamer, verdaut besser usw. Dabei ist von dem Spaß, den das macht, noch gar nicht die Rede.

Kinder staunen immer wieder, wenn ihnen klar wird, daß wir auf der Zunge schmecken – allerdings nur süß, sauer, bitter, salzig. Verschiedene Zonen auf der Zungenoberfläche sind dafür zuständig. Schon das ist ein lustiges Spiel, bewußt darauf zu achten, wo es jetzt schmeckt. Wenn wir uns nun die Nase zuhalten, wird das noch deutlicher. Der Zusammenhang zwischen Schmecken und Riechen wird erfahrbar. Dazu kommt noch der optische Reiz, ob etwas appetitlich aussieht oder nicht. Und – nicht zu übersehen, der individuelle Geschmack. Das Spielen mit dem Geschmackssinn provoziert ein ganzes Experimentierfeld. Erprobungen, wie sich Speisen verhalten, wenn ich mehr oder weniger Zucker oder Salz verwende, wenn sie heiß oder kalt sind. Allein um die Begriffe „süß, sauer, bitter, salzig, roh, gekocht, heiß, kalt, unreif, faul, angebrannt" zu verdeutlichen, können viele Spielsituationen ausgedacht werden.

Die Methode des Kimspiels kann uns dabei helfen. Rudyard Kipling beschreibt ja in seinem Buch, wie Kim in einem Basar eine Kiste mit Edelsteinen gezeigt bekommt. Am Abend wird er gefragt: „Wieviele Steine, welche Farbe, wo im Kistchen, wie groß?" usw. Das ist das Prinzip. Verschiedene Limonaden, Tee, Kaffee, ein wenig Wein, können von den Kindern bei geschlossenen Augen wiedererkannt werden. Oder: Wir schneiden verschiedene Brotsorten in Würfel, oder Obststückchen, oder wir verwenden verschiedene Salat-, Puddingsorten usw.

Damit das Spiel überhaupt klappen kann, müssen die Kinder sich vorher intensiv mit den Speisen beschäftigt haben. Dazu genügen ganz geringe Mengen. Ein besonders dichtes Erfahrungsfeld entsteht, wenn die Kinder selbst einfache Speisen kochen dürfen. So erkennen sie den Zusammenhang zwischen Zutaten und Verarbeitung, erfahren von der Wirkung der Gewürze und Verarbeitung. Selbst wenn das Gericht einmal nicht ganz gelingt, wird es mit Neugier gegessen. Wie sagte Eugen Roth: ,, … doch da er es sich selbst gebraten, aß er's mit sichtlichem Behagen.''

,,UND DANN LÄUFT ER ÜBER EINEN STEINBODEN'' – SPIELE ZUM HÖREN

Es gibt sehr viel und sehr gute Literatur zur Gehörschulung unserer Kinder im Vorschulalter. Ich möchte hier nicht in Konkurrenz treten. Der Schwerpunkt meiner Arbeit liegt auch eindeutig auf der bildnerischen Seite der ästhetischen Elementarerziehung. Trotzdem sollen einige Beispiele angeführt werden, wie den Kindern Hörvorgänge bewußtgemacht werden, und vor allem Beispiele für Übertragungen, Vorgänge, bei denen zum Beispiel Musik in Farbe übertragen wird u. a. Damit habe ich mich sehr viel beschäftigt.

Eingangs war schon von der Reizüberflutung die Rede. Das gilt vor allem für das Hören. Wir können die Augen schließen und die optische Reizflut abstellen. Mit den Ohren sind wir ständig ausgeliefert. Den Terror durch Lärm kennen wir alle. Manchmal hilft nur noch ein ,,Ohrenstöpsel'', um wieder Ruhe zu haben. Diese Reizflut führt aber auch dazu, daß wir sehr bald unbewußt auswählen, welche Geräusche zu uns vordringen dürfen und wahrgenommen werden. Ein typisches Beispiel ist die junge Mutter, die seelenruhig weiterschläft, wenn ein Lastwagen vor dem Haus vorbeifährt, aber sofort aufschrickt, wenn ihr kleines Baby leise weint. Durch diese unbewußte Einschränkung im Hörbereich gehen aber auch viele Wahrnehmungen verloren, die interessant wären oder Spaß machen könnten. Sensibel zu hören, heißt, daß viele dieser Eindrücke wieder zurückgewonnen werden müssen, bzw. daß man lernt, offen zu hören.

Ein Experimentierfeld ist allein schon unser Kindergarten. Er steckt voller Geräusche. Der Kassettenrekorder ist bei diesen Spielen ein unentbehrliches Hilfsmittel. Mit ihm können wir zunächst selbst, dann aber auch die Kinder, Geräusche aufnehmen und als Rätsel abspielen. Ein paar Beispiele: ,,Die Tür wird geöffnet und geschlossen.'' – ,,Der Wasserhahn wird aufgedreht.'' – ,,Etwas fällt hinunter (Blech, Holz, Plastik, Glas, Stoff, Papier etc.).'' – ,,Wasser wird eingegossen.'' usw. Daraus kann eine Geräuschgeschichte entwickelt werden. ,,Jemand kommt von der Straße, tritt auf den Fußabstreifer, öffnet die Kindergartentüre, geht durch das Foyer, schließt die Türe mit dem Schlüssel auf, legt die Tasche auf den Tisch, zieht den Mantel aus, öffnet das Fenster …'' Ich konnte feststellen, mit welcher Spannung Kinder derartige Geschichten verfolgen und entziffern. Dabei wird der ganze Erfahrungshintergrund der Kinder mitaktiviert.

Eine andere Möglichkeit ist das Aufnehmen von Stimmen. Jedes Kind sagt z. b. ,,Grüß Gott'' auf das Tonband, oder jede Erzieherin in der Kindertagesstätte sagt ein paar Worte. Der Autor wird geraten.

Es geht aber auch ohne Kassettenrekorder: Hinter einer spanischen Wand werden der Reihe nach alle vorhandenen Instrumente angeschlagen oder angeblasen, und die Kinder sollen sie erraten: Triangel, Flöte, Klangholz, Xylophon, Gitarre …

„Das ist eine traurige Melodie"

Dieses intensive Hören kann man auch auf eine sehr emotionale Ebene übertragen. Die Kinder hören Melodien oder spielen sie und überlegen: War sie lustig, traurig, langweilig, aufregend – und warum. Ein Kind erzählte jüngst beim Hören eines Musikstückes: „Es erinnert mich daran, wie ich durch den Wald ging; die Vögel zwitscherten, die Wolken zogen dahin ..." Ein anderes erzählte von einem Fest, „auf dem viele Menschen waren, die tanzten und fröhlich waren". Die Musik versetzte die Kinder also in bestimmte Stimmungen, auf die wir mit Farben zu reagieren versuchten. Dabei verfolgten wir verschiedene Möglichkeiten. Bei einer erhielten die Kinder verschiedenfarbige Plättchen (ca. 50 Stück). Zunächst suchten wir nach traurigen und lustigen Farben. Die Kinder legten also Farbklänge an. Dann suchten wir Farben nach bestimmten Instrumenten. Dabei entschieden sich die Kinder meist für helle Töne bei hohen Instrumenten und umgekehrt. Schließlich sollten sie Farben zu einem bestimmten Musikstück suchen, mit anderen Worten, sie sollten den Stimmungswert der Musik in Farbklänge übertragen. Es war überraschend, wie schnell die Kinder mit-

gingen, wenn der Charakter der Musik sich änderte. Das zeigte besonders deutlich ein Versuch, den ich vor kurzem zusammen mit Wolfgang Löscher durchführte: Die Kinder legten bestimmte Farben aus und sammelten sie wieder ein, je nach Musik. Natürlich können die Kinder auch direkt malen. Dieses spezifische Hören von Musik erfordert sehr starke Sensibilität, das Malen wiederum eine gewisse Fertigkeit. Einfache Themen sind „Kämpfende Farben", „Tanzende Farben", „Die Farben schlafen ein". Das Thema sollte aber nicht vorgegeben werden. Besser ist eine Unterhaltung nach dem Abhören der Musik, aus der sich Vorschläge der Kinder herausschälen, wie man das malen könnte. Meist sind die abschließenden Berichte der Kinder sehr spannend, wenn sie erzählen, was sie jetzt gemalt haben.

Gelegentlich verwende ich die Musik auch als Verstärker einer bestimmten Stimmung. Beim Malen eines Themas, das eindeutig sehr expressiv ist, arbeiten die Kinder oft noch „dramatischer" mit einer entsprechenden Hintergrundmusik. Die allerdings sollte vorher mit den Kindern zusammen ausgedacht werden. „Paßt die besser oder die?"

„ICH SEH' ETWAS, WAS DU NICHT SIEHST!"

Das ganze Buch hat eigentlich mit dem Sehenlernen zu tun. Die Kinder sollen bewußt und genau beobachten, die Eindrücke verarbeiten und schließlich ausdrücken in Worten, Gesten oder eben als Bild oder Zeichnung. Dabei ist das Sehen ein Lernvorgang. Bestimmte Dinge werden genau betrachtet, z. B. daß Häuser verschiedene Fenster haben. Wenn mir das klargeworden ist, betrachte ich die nächsten Häuser schon ganz anders. Das ist wie bei einer Bergwerks-

treppe. Eine Sprosse schiebt einen immer auf die nächste und bringt einen höher. Einmal aber müssen einem die Augen geöffnet werden, und einmal muß man Spaß daran finden, viel und genau zu beobachten. Nur so kann das Sehenwollen zu einer Grundhaltung werden. Die natürliche Neugier des Kindes hilft uns bei unserem Bemühen. Trotzdem wählt auch das Kind bei seiner Wahrnehmung schon sehr stark aus (wie beim Hören), jedoch nicht so stark wie wir Erwachsene. Voraussetzung für pädagogische Aktionen in der Wahrnehmungssensibilisierung ist unsere eigene Aufgeschlossenheit, unsere Bereitschaft, mit offenen Sinnen zu leben. So kann der Alltag des Kindergartens für uns und unsere Kinder auf- und anregend werden.

Das uralte Spiel „Ich seh' etwas, was du nicht siehst!" kann auf noch nie beobachtete Einzelheiten hinweisen. Es liegt an uns, wie differenziert wir das Spiel durchführen. „... und das ist grün!" läßt sicher viele Möglichkeiten offen. Nicht aber „... und das ist lindgrün". Das setzt aber wieder voraus, daß die Kinder viele Spiele mit Farben durchgespielt haben, damit für sie grün nicht gleich grün ist. Farb-, Form- („... und das ist oval") und Tastqualitäten („... und das ist glitschig") können mit einbezogen werden.

„Der Markus ist ja winzig klein"

In ein besonderes Zauberreich führen die Kinder optische Hilfsmittel wie Ferngläser, Lupen und Mikroskope. Jeder Kindergarten sollte einen Satz Lupen haben. Wenn die Kinder damit durch den Raum oder durch den Garten gehen, gibt es vieles zu erleben. Wer Kinder dabei beobachtet, wird seinen Spaß haben. Voller Begeisterung berichten sie von ihren Entdeckungen: Blätter, Insekten, Steine, die Haut, Rinde, Gräser, Blüten, Sand, alles ist eine Untersuchung wert. Ebenso aufregend sind Ferngläser, vor allem, wenn sie „vor- und rückwärts" verwendet werden. Alles Nahe entschwindet unerreichbar und wird klein, um sofort vergrößert zurückzukehren, wenn das Glas umgedreht wird. Für große Überraschungen sorgen Farbbrillen. Man kann sie leicht selber bauen. In einen Kartonstreifen werden zwei Löcher geschnitten, so daß man gut durchblicken kann. Die Löcher überklebt man mit farbigen Folien. Rote, blaue, gelbe, grüne, orangefarbige, violette Brillen verändern die Umgebung grundlegend.

Die rote Brille macht die Bäume und Wiesen grau usw. Veränderungen lassen sich aber auch erreichen durch Spiegel und Gegenspiegel oder durch bewegliche Spiegelungen im Sinne des Panoptikums (siehe auch „Ästhetische Elementarbildung").

„Warum?"

Die Gefahr ist für jeden Erzieher groß, daß er auf eine Sache deutet und sagt: „Paßt auf, Kinder, jetzt zeig' ich euch etwas. Ihr seht doch ..." usw. Der Wissensvorsprung verleitet leicht zum Dozieren. Das aber hilft dem Kind nicht sehr viel. Wirksamer ist es, wenn das Kind selbst „darauf kommt". Mit Fragen lassen sich häufig Beobachtungen anregen, Überlegungen auslösen. „Warum hat der Hund so verschiedene Spuren hinterlassen?" Nun überlegt das Kind die Bewegungsabläufe beim Hund und kommt vielleicht darauf, daß bei verschiedenem Tempo verschiedene Spuren entstehen. Wenn es die Lösung nicht findet, können ja Versuche eingeschoben werden. Die Kinder gehen langsam und schneller durch den Sandkasten, sie laufen durch oder überqueren ihn in großen Sprüngen. Den Kindern sollte möglichst nie das eigene Denken abgenommen werden.

Durch geeignetes Fragen können aber Sinneswahrnehmungen gesteuert werden. „Quästives Lernen" nannte das der Pädagoge Helmut Zöpfl: Lernen durch Fragen.

„Wie sag' ich's?"

Für alle Sensibilisierungsspiele, von denen hier nur einige geschildert wurden, gilt, daß man möglichst häufig versuchen sollte, die Wahrnehmungen in Worten auszudrücken. Das funktioniert nur mit einem genauen Wortschatz. Hier müssen wir uns und die Kinder sich bemühen, möglichst präzise zu formulieren. Je früher das Kinder lernen, desto leichter fällt ihnen Kommunikation. Für die Erzieherin ergibt sich echte Entwicklungshilfe als Notwendigkeit bei Kindern, deren Eltern aufgrund ihres Standes und ihrer Abkunft keine Hilfe darstellen. Hier muß die Erzieherin bewußt Änderungen provozieren und mithelfen, wenn es nicht klappt. Ein reicher Wortschatz und genaues Formulieren verhindern Mißverständnisse und schaffen die Möglichkeit, sich mitzuteilen, gezielt auf die Kontaktperson, die angesprochen werden soll.

Wenn es keine Schule mit ihren Kulturtechniken gäbe, bräuchten wir im Vorschulalter die Hand nicht zu trainieren. Die vielerlei Tätigkeiten, die das Kind ausübt, würden völlig zureichen, um die Hand zu schulen, daß sie das ausführen könnte, was das Kind will. Die Schule, speziell das Schreiben, erfordert aber mehr. Hier müssen vorgeschriebene Zeichen in vorgeschriebener Größe auf vorgeschriebene Zeilen gebracht werden, ein hochkomplizierter Vorgang, der oft zu Verkrampfungen führt. Alle Grundschullehrer können davon ein Lied singen.

Die Kinder sind im Vorteil, deren Feinmotorik der Hand soweit geschult wurde, daß sie sich leichter auf die neue Aufgabe einstellen kann.

Nun möchte ich keineswegs den Schreibvorschulen das Wort reden. Ich finde sie zu stur und zu zweckgerichtet. Es gibt so viele grafische Spiele, bei denen alle Schreibbewegungen trainiert werden, ohne daß von Schrift die Rede ist.

„Wir tanzen mit unserem Stift"

Ein gutes Mittel ist das rhythmische Zeichnen nach Musik. Es werden große Bogen auf Tischen, an der Wand oder auf dem Fußboden befestigt. Mit Filzstiften oder Wachskreiden zeichnen nun die Kinder nach Musik. Das schult einerseits die Hand, gehört aber auch in die Gruppe der Sensibilisierungsspiele. Um den Kindern die angemessene Reaktion auf die entsprechende Musik zu erleichtern, bedarf es einer Einstimmung. Die wird je nach Kindergruppe und Situation verschieden sein. Das Kind soll sich in eine Geschichte eindenken können.

Motivationen können sein: „Es stürmt sehr stark. Wir zeichnen mit beiden Händen, wie der Sturm braust!" „Es regnet. Wir zeichnen die vielen Regentropfen!" „Wir fahren mit einem Go-cart auf einem großen Platz spazieren." – „Wir laufen Schlittschuh auf einem großen zugefrorenen See." Im einzelnen wird die Geschichte abgeändert, oder die Kinder erfinden Variationen.

Tanz nach verschiedenen Rhythmen

Mit einem Stift tanzen die Kinder nach langsamen und schnellen Rhythmen auf dem Blatt. Man sollte sie anregen, vielerlei Figuren zu tanzen – langsam und schnell.

Komplizierter wird es, wenn Hindernisse im Weg liegen. (Eiskunstläufer legen Konservendosen aufs Eis, wenn sie eine Kür vorbereiten ...) Nun versucht man um diese vielen Hindernisse herumzufahren, ohne anzuzecken.

Eine Steigerung bedeutet das Tanzen mit zwei Stiften. Die Spuren führen aufeinander zu und wieder auseinander, sie umkreisen sich, laufen parallel usw. Dabei sollten zwei Spielregeln eingehalten werden: nicht abwechselnd links oder rechts zeichnen, sondern zur gleichen Zeit, und nicht die beiden Hände aneinanderlegen, sondern „offen" zeichnen. Spaß macht es auch, wenn die Kinder zu zweit auf einem Blatt tanzen – zunächst mit je einer Hand. Jetzt müssen sie sich auf den Rhythmus der Musik und die Einfälle des anderen einstellen. Mit je zwei Händen ist es schon fast zu kompliziert. Modellvorstellung ist eine Volkstanzgruppe, die aufeinander zu und wieder auseinander tanzt.

Bei all diesen Spielen werden Schreibbewegungen ausgeführt, Bogen, Haken, Linien, Striche, Wellenlinien etc. Sehr viel Feinfühligkeit benötigt die letzte Variation: Die Kinder zeichnen zu zweit, aber mit einem Stift. Jetzt gilt es, auf die feinste Reaktion des anderen einzugehen, ohne daß es Streit gibt. Meist zeichnen die Kinder dabei ganz angespannt still und beginnen laut zu lachen, wenn die Musik vorbei ist.

„Schlange, Hase, Säge"

Im erwähnten Arbeitsheft sind noch eine Reihe anderer Vorschläge zu finden, die hier nur angedeutet werden sollen: Die Kinder stempeln (z. B. mit Korken) auf ein großes Blatt Papier Punkte auf, je nach Schwierigkeitsgrad des Spiels mit großem oder kleinem Abstand. Das ist der Spielgrund. Nun fahren die Kinder z. B. mit ihrem Stift Slalom durch die Punkte oder spielen Schlange usw. Oder sie zeichnen ein Muster, indem sie die Punkte miteinander verbinden. Oder sie spielen Hase, der zwischen den Bäumen Haken schlägt. Eine findige Erzieherin wird viele Lösungen finden, wie Kinder auf diesem gestempelten Papier runde, eckige oder kombinierte Bewegungen durchführen können. Diese grafischen Spiele finden viel Anklang. Deshalb haben manche Erzieherinnen auf einem Tisch ein Wachstuch mit Punkten als Tischdecke befestigt. Darauf können die Kinder mit abwaschbaren Filzstiften jederzeit spielen, wenn sie Lust dazu verspüren.

Die Hand kann alles!

Außer diesen gezielten Übungen schult die Hand am besten ein Angebot vielfältigster Tätigkeiten. Wer allein die Hand eines Kindes beim Kneten beobachtet, wird über die Gelenkigkeit und Beweglichkeit staunen, die dazu nötig ist. Das gilt auch für die vielen anderen Tätigkeiten im elementar-handwerklichen Bereich wie falten, reißen, schneiden, kleben, klopfen, hämmern, nähen, sägen, bohren, biegen, prägen, bauen, verbinden, stempeln, schleifen, drucken, ritzen, frottieren, u.v.a.

Von den Inhalten wird im folgenden Kapitel noch anhand einzelner Beispiele die Rede sein. Ausgangspunkt muß das Kind und seine Welt sein. Wer sich mit seinen Kindern aufmerksam unterhält, bekommt eine Fülle von thematischen Anregungen. Andere Themen ergeben sich aus der sonstigen Arbeit, aus Erlebnissen bei Ausflügen, aus Geschichten und Bilderbüchern, durch Schallplatten. Dabei wird die Bildsprache des Kindes mithelfen, Inhalte anschaulich zu machen. Für den Erzieher ergibt sich die Schwierigkeit, inwieweit er anregen soll oder Freiheit gewähren. Soll wirklich Kreativität angesteuert werden, müssen Suchphasen eingeplant werden. Das kann den Inhalt ebenso betreffen wie die Technik. Wer die Auffassung teilt: ,,Das Kind muß das Zeichnen und Malen lernen wie das Schuhebinden'' (wörtliches Zitat!), sollte gar nicht weiterlesen. Hier sind eigentlich alle Chancen einer individuellen Aussage und Entwicklung vertan. Wie sollen eigenständige Lösungen zustandekommen, wenn die Erzieherin schon weiß, welche für das Kind die beste ist? Wie sollen Konflikte und Ängste sichtbar werden können, wenn das Formkorsett schon feststeht? Diese Offenheit stellt die größte Herausforderung an die erziehende Umgebung dar. Sie bedeutet keineswegs das bequeme ,,Laissez-faire'' (machen lassen). Sie fordert im Gegenteil ständiges Eingehen auf die Individualität des Kindes, ständige Hilfsbereitschaft im Sinne der Mäeutik von Sokrates (Hebammenkunst) bei der Entwicklung und Entfaltung des Kindes.
Natürlich wird versucht werden, das Kind zu motivieren – für einen Inhalt, für ein Verfahren, für eine Technik. Das Kind braucht Anregungen. Die Frage ist nur, wie eng ich das Kind dabei führe oder ob ich ihm Alternativen anbiete, die ihm Initiativen und Entscheidungen ermöglichen und erlauben.
Das einleitende Gespräch ist folglich eine Unterhaltung mit den Kindern, wobei möglichst viele eigene Erfahrungen aktiviert und mit eingebracht werden sollten. In manchen Kindertagesstätten führen redegewandte Erzieherinnen umfangreiche Einleitungsgespräche. Oft werden die Kinder ,,totgeredet''. Ihre eigenen Einfälle und Assoziationen gehen unter im überzeugenden Redeschwall der (sicher gutmeinenden) Erzieherin. Ein Einleitungsgespräch war dann richtig, wenn die Kinder voll Begeisterung zu probieren beginnen und zu unterschiedlichen Lösungen finden. Der erfahrene Erzieher spürt, wann er die Kinder auf die Fährte gesetzt hat und wann er noch Anregungen bringen muß. Im übrigen ist dann die positive Verstärkung ein wesentlicher Erziehungsfaktor.
Es gibt in der kindlichen Bildsprache keine Fehler, aber es gibt Lösungen, die nicht konsequent sind oder nicht in Zusammenhang mit der Thematik stehen. Das Kind soll die Chance bekommen, selbst darauf zu kommen. Der ständige Hinweis entmutigt und führt zu Abhängigkeiten. Das Kind schielt nach dem Wohlwollen der Erzieherin, was in diesem Fall gleichbedeutend ist mit ,,korrektem'' Verhalten beim Zeichnen und Malen. Dabei ist es nicht immer leicht, sich wirklich taktvoll zu verhalten (ganz abgesehen von der großen Kindergruppe und dem Föhn ...).
Manchmal zeichnen die Kinder Dinge, die wir nicht ohne weiteres entziffern können. Wir möchten aber gerne wissen, was es ist. Wenn wir fragen: ,,Was hast

du denn da gezeichnet?" reagiert das Kind sauer; so über die Schulter sagt es schnippisch: „Das sieht man doch, das ist …" Das Kind ist nämlich beleidigt. Es hat in seinem Bild etwas ver-deutlicht. Und seine so geschätzte Erzieherin versteht das nicht. Es fühlt sich nicht vollgenommen. Man wird vorsichtig vorgehen müssen, wenn man eine Auskunft über die Zeichnung bekommen will, ohne das Kind zu verletzen: „Da hast du aber eine Menge gezeichnet, was hast du denn zuerst gezeichnet? Das ist ja eine ganze Geschichte, wer ist denn die Hauptperson?" usw. Die Frage bedeutet zwar dasselbe, das Kind bekommt aber dabei die Chance, sich selbst zu erklären, ohne das Gefühl zu haben, mißverstanden zu werden. Vorsichtig sollte man auch bei Fragen sein wie: „Ist das ein Bagger?" Fast in jeder Gruppe gibt es Kinder, die gerne etwas zeichnen möchten, aber nicht wissen, was. Hier geht es darum, irgendeinen Erlebnisinhalt zu aktivieren. „Wir waren doch gestern …" „Du hast mir doch erzählt, daß du gestern im Fernsehen …" Irgendein Erlebnis muß wieder Kontur annehmen. Die Gefahr – gerade bei der Belastung durch viele Kinder – einer Anweisung ist groß. Das führt aber schnell dazu, daß die Kinder sich im Falle der geringsten Unsicherheit ihre Anweisung holen. „Soll ich so oder so …?" Eine Gegenfrage ist dabei immer noch die beste Offensive: „Was meinst du, was besser wirkt?" Und wenn das nichts hilft: „Probier es doch einmal, wir können es ja dann ansehen!"

Schwieriger wird die Fragestellung, wenn sich das Kind entschlossen hat, z. B. eine Katze zu malen, und dann sagt: „Ich kann aber keine Katze malen!" Das heißt im Klartext, meine Vorstellung von einer Katze ist nicht deutlich genug; ich kann kein Bild davon malen. Ein Gespräch muß helfen, die Erinnerung zu aktivieren. Das soll aber ein mäeutisches Gespräch sein (die Dinge aus dem Kind „herausholen"): „Ich habe schon viele Katzen gesehen, die haben ganz verschiedene Farben gehabt! Was hast du denn für welche gese-

hen?" … „Und der Schwanz war ganz lang und beweglich. Kannst du dich erinnern, was der alles kann?" …

Irgendwann fällt auf, daß das Kind mit abwesendem Blick zu zeichnen anfängt. Ziemlich verfahren ist die Angelegenheit, wenn ein Kind steif und fest behauptet: „Ich kann nicht malen!" Unterschiedlichste Gründe können dafür verantwortlich sein. Negative Erfahrungen, übergroße Erfolgserwartungen, Spott von den anderen, ältere Geschwister, die ihre Vormachtstellung ausnützen …: In jedem Fall hat das Kind die Meinung, es sei minderwertig. Es wird nun wenig Zweck haben, das Kind überreden zu wollen: „Probier's nur einmal. Du wirst schon sehen, daß es geht." Selbst einen tatsächlichen Erfolg wird es nicht wahrhaben wollen. Das Kind braucht Erfolgserlebnisse auf anderen Gebieten, evtl. im Bauen oder in den Experimentaltechniken. Es kann sein, daß nach kurzer Zeit die Negativbehauptung keine Rolle mehr spielt. Wenn man auf den Problemen herumreitet, verkrampft sich das Kind nur noch mehr.

In gemischten Gruppen kommt es häufiger vor, daß die Älteren sich über die Arbeiten der Jüngeren lustig machen. Das ist ein Fall für soziales Lernen. Die Jüngeren werden leicht mutlos, und die Älteren verlieren das Gefühl für Entwicklung. Da ist es gut, wenn man die Kinderzeichnungen aufgehoben hat, so daß man dem älteren Kind sagen kann: „Schau, als du so alt warst wie der Hansi, hast du sogar noch einfacher gezeichnet. Du darfst dich ganz schön anstrengen. Wenn der Hansi so alt ist wie du, kann er es vielleicht besser als du." Das ist einer der ganz wenigen Fälle, in denen Verunsicherung angebracht ist. Das ältere Kind soll die Relativität der Bildaussage begreifen. In der Praxis konnte ich immer wieder feststellen, daß die älteren Kinder die jüngeren sogar in Schutz nahmen. In einem Fall war es geradezu rührend, wie der Markus die extrem schwerhörige Veronika verteidigte, als ein anderes Kind sagte: „Die Veronika ist dumm, die schmiert ja

Kinder sollen sich beim Malen austoben dürfen.

nur." M.:: „Die Veronika ist gar nicht dumm, die hört nur schlecht. Wenn sie alles verstanden hat, schmiert sie auch nicht!" Er hat das ganze Problem verstanden. Das Schmieren ist ein eigenes Kapitel. Der kleine Niki ist an manchen Tagen sehr nervös und unkonzentriert. Er steckt voller Fröhlichkeit und Ideen, kann aber nicht durchhalten. Darüber ist er selbst oft traurig. Wenn er aber pastose Farben vor sich hat, fängt er regelrecht zu toben an. Die Farben kämpfen miteinander, daß „die Fetzen fliegen". Niki beruhigt sich dadurch und ist dann danach wie ausgewechselt. Man könnte von so einem Verhalten mancherlei ableiten, das würde aber den Rahmen dieses Buches bei weitem übersteigen. Wir wollen nur festhalten, daß manche Kinder diese Bestätigung brauchen, die fast eine Art von Therapie für sie bedeutet. Sie sind arm dran, wenn sie auf eine Erzieherin treffen, die mehr auf seiten der Reinigungsfrau steht als auf der der Kinder, wobei z. B. Unterlagen eine Selbstverständlichkeit sind und die Reinigung nicht vor unlösbare Probleme stellen. Im Zweifelsfalle geht aber das Kind vor!

Gewissenhafte Erzieher sammeln natürlich die Bilder ihrer Kinder und beschriften sie auch (aber bitte hinten). Ich bin immer ganz traurig, wenn ich sehe, wie gerade die gründlichen Erzieherinnen auf das Blatt schreiben, was das Kind gezeichnet hat. Das Blatt ist damit zerstört. Es wäre doch wirklich nichts dabei, dasselbe hinten drauf zu schreiben. Notfalls kann man das Blatt ans Fenster halten, um die richtige Stelle zu finden. – Name und Alter sollten nie fehlen, das Datum ist dagegen nicht so wichtig. Abgekürzt heißt das: Cornelia 6/3 (Cornelia, 6 Jahre, 3 Monate).

An einer Wand sollten immer die neuesten Arbeiten ausgestellt sein, und zwar von allen Kindern. Ich erinnere mich, daß ich in einer Kindertagesstätte an einer schönen Bildwand stand. Ein kleiner Bub stand neben mir. Ich sagte: ,,Da habt ihr aber schöne Bilder gemalt! Welches ist denn deines?" – ,,Ich habe keines an der Wand!" – ,,Du warst sicher nicht da, als die anderen Kinder das gemalt haben?" – ,,Doch, ich war schon da, aber meines hängt nicht da!" Ich hatte einen kleinen ,,Lieblingsfeind" entdeckt. Fast masochistisch wollte er mir seinen Schmerz auch noch vorführen.

Die Bilderwand ist ein ausgezeichnetes Mittel, mit den Eltern immer wieder über die Arbeiten ihrer Kinder zu reden. So lassen sich schmerzliche Bemerkungen abstellen wie: ,,Hast Du aber geschmiert!" – ,,Was, das hast du gemacht? Du könntest dich ruhig mehr plagen!" usw. Die Eltern können die Interessenwelt ihrer Kinder verfolgen und lernen ihre Bilder verstehen. Unsere Kinder ziehen ihre Mütter regelmäßig voller Stolz vor ihre neuesten Werke.

MATERIALIEN

Die Kinder sollten möglichst viele Materialien zur Verfügung haben. Leider zieht der Etat hier einige Grenzen. Auf jeden Fall müßte jedes Kind je einen Satz Faserstifte und Wachskreiden zur Verfügung haben. Zum Malen haben sich die großen Malsteine bewährt, die auch bei temperamentvollem Malen noch standhalten. Billiger ist es, sich die Farben aus Tapetenkleister und Farbpigment selbst zu mischen. In Marmeladengläsern halten sie sehr lange. Borsten- und Haarpinsel ermöglichen dem Kind einen sehr verschiedenen Farbauftrag. Es sollte beide zur Verfügung haben.

Es wäre überhaupt gut, wenn das Kind möglichst häufig sowohl Malmaterial wie Format selbst wählen könnte. Es muß damit seine ersten Entscheidungen treffen.

Weil so wenige Mittel zur Verfügung stehen, muß die Erzieherin auch bei den Papieren Findigkeit beweisen. Makulaturtapeten und Packpapierrollen liefern stabile Papiere. Bei Zeitungsdruckereien kann man einmal in der Woche die Reste der riesigen Papierrollen billig kaufen. Sie lassen sich durchsägen wie Baumstämme und so auf das geeignete Breitenformat bringen. Computerpapiere sind im Augenblick die qualitätsmäßig besten Papiere. Fast alle Kindergärten haben inzwischen Bezugsquellen gefunden. Andernfalls wandern diese Papiere ja in den Reißwolf. Wenn irgend möglich, sollten die Kinder auch einmal kostbare Papiere kennenlernen (Japanpapiere, Pergamente, Seidenpapiere). Auch das Material hat sinnliche Qualitäten, die die Gestaltung beinflussen.

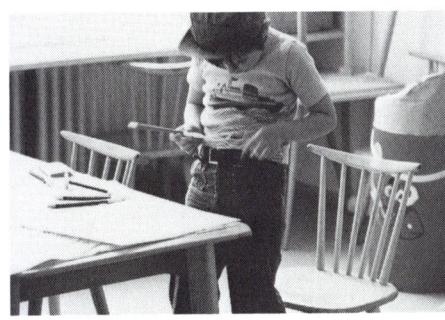

Jürgen zeichnet ein Selbstbildnis. Dazwischen studiert er sich genauestens.

SELBSTBILDNIS

Wer ein Kind beim Zeichnen oder Malen beobachtet, kann bemerken, mit welcher Konzentration es arbeitet. Es schafft Zeichen, mit denen es sich und sein ganzes Denken identifiziert. Wenn in einem Kindergarten Malereien an der Wand hängen und Erwachsene sie betrachten, kommen immer wieder die Kinder angerannt und rufen: „Das hab' ich gemacht!" Es bedeutet ein Erlebnis, etwas machen zu können, was dann da ist und da bleibt, was man immer wieder ansehen kann. Das Bild ist mehr als eine Summe von Strichen, es ist ein Gebilde. Bei vielen Primitivvölkern ist bekannt, wie vom Bild ein Bann ausgeht, wie es Teil einer Person wird, verzaubert, getötet, gelähmt wird usf. In den Ikonen der Ostkirche wird die Person des Heiligen direkt angesprochen und verehrt. Wir aufgeklärten Menschen des zwanzigsten Jahrhunderts wähnen uns über derartige Abarten von Aberglauben erhaben. Doch schildert der englische Kunsthistoriker Gombrich überzeugend, wie auch wir modernen Menschen nicht ohne weiteres die Augen unseres Freundes oder unserer Freundin auf einem Foto mit einer Nadel durchstechen, obwohl wir wissen, daß es nur Papier mit einer verschieden belichteten Bromsilberschicht ist, wie wir aus Wut Fotos zerreißen usw. Ein Rest des magischen Bildbewußtseins ist auch in uns lebendig geblieben. Für das Kind ist das Bild etwas ganz Wesentliches.

Wenn ein Kind sich selbst malt, identifiziert es sich mit seinem Bild. Alles, was an ihm wesentlich erscheint, wird gemalt. In der Größe und Umgebung zeigt sich seine Wertschätzung.

In manchen Kindertagesstätten wird das Selbstbildnis auch im Sinne der Sexualerziehung mit eingesetzt. Die überzeugendsten Beispiele sah ich aus der Kindergruppe von Renate Bley (,,fliegender Kindergarten" in Fürstenfeldbruck): ,,Wie wir aussehen". Es fehlte wirklich nichts. Die Bilder waren ein Beweis dafür, wie klar den Kindern ihr eigenes Aussehen war.

Wie nötig diese Klarheit vor der Darstellung ist, kann am Beispiel einer Malerei von Carlos gezeigt werden. Carlos ist ein kleiner Portugiese, der noch nicht gut Deutsch spricht. Wir sind nie ganz klar, was er wirklich verstanden hat. Unsere Kinder malten sich selbst auf große Blätter. Ich hatte mit Carlos noch einmal gesprochen. Er nickte begeistert und begann zu malen: ein großes Bild mit farbigen Klecksen. Kein anderes Kind malte vergleichsweise ähnlich. Wir hatten den Eindruck, Carlos malte uns zuliebe einfach los. Eine Woche später malten die Kinder ihre Eltern (die Arbeiten waren der Hintergrund für einen Elternabend). Carlos begriff offensichtlich sofort: ,,Mama, Papa". Er malte

mit viel Temperament und Einsatz drauflos. Sein Selbstbildnis wirkte daneben unwirklich. Ich versuchte es noch einmal. Ich führte Carlos zu seinen Arbeiten und deutete darauf: ,,Mama, Papa und hier Carlos!" Er stutzte einen Moment, begann zu strahlen und malte sich mit ungeheurer Geschwindigkeit. Er hatte verstanden. Danach war er so stolz, daß er mit dauernder körperlicher Zuwendung seine Dankbarkeit bezeugte.

Bei Carlos wurde besonders deutlich, wie wesentlich das vorherige Verständnis für eine bildnerische Aussage ist. Bei vielen anderen Kindern wird das nicht so klar. Soll die Bildsprache ausdifferenziert werden, ist auch die sprachliche Differenzierung von Bedeutung. Sie ist nicht in jedem Fall Voraussetzung, ist aber eine unaustauschbare Hilfe, um die Erlebnis- und Wunschwelt des Kindes zu klären und die Voraussetzung für Bildübersetzungen zu schaffen.

Kinder sprechen auch gerne zu ihren Zeichnungen. Wir nehmen das von Zeit zu Zeit auf Kassette auf. Das ist ein ausgezeichnetes Material für Elternabende.

Die Situation des Kindes, seine Familie, seine Freunde, seine Umgebung, seine Spielsachen sind Thema kindlicher Darstellung. Das ist aber nur eine Seite. Im Bild können ebensogut die Konflikte und Nöte, die Wünsche, Träume und Projektionen verdeutlicht werden. Der Erzieher muß seine Kinder kennen und vor allem seine Motive. So dürfte es nicht schwerfallen, Themen zu finden, die aktuell sind. Dabei ist die Bildsprache ein Integrationsfeld für nahezu alle Gebiete vorschulischen Lernens, auch für kognitive Inhalte und Bereiche sozialen Lernens. Das Ergebnis selbst hilft mit, das Kind besser zu verstehen und sein Umweltverständnis besser einzuschätzen.

An einem Beispiel soll das beschrieben werden. Ein kleiner Junge malte auf seine Blätter immer sich und seinen Bruder sehr verschieden groß. Erst im Laufe der Zeit wurde uns klar, daß der kleine Bub er selbst war und der große sein Bruder. Vorsichtige Nachforschungen ergaben, daß die Eltern den Bruder sehr

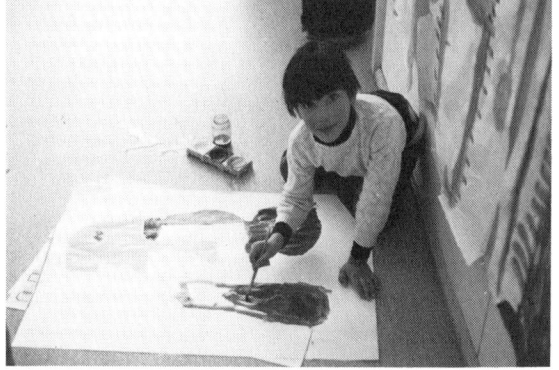

Carlos, ein kleiner Portugiese, sollte ein Selbstbildnis malen. Er verstand – wegen Sprachschwierigkeiten – die Aufgabe nicht, wollte aber mitmalen. Links oben ist das „unverstandene" Selbstbildnis, rechts das „verstandene" – eine Woche später.

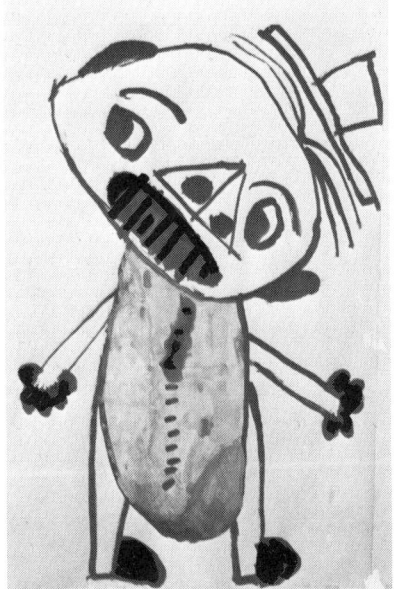

Marco malt seine Eltern. Kinder sollten oft auf größeren Formaten arbeiten.

stark bevorzugten und sein eigenes Selbstwertgefühl sehr stark darunter gelitten hatte. Lange, nicht unkomplizierte Gespräche mit den Eltern konnten diese von den Erziehungsfehlern überzeugen. Die Ausdrucksproportionierung im Bild des kleinen Buben hatte uns geholfen. Nach ein paar Monaten war von der eingestandenen Minderwertigkeit des Buben in seinen Zeichnungen nichts mehr zu sehen.

An dieser Stelle möchte ich noch einmal davor warnen, zu vorschnelle Schlüsse aus Kinderzeichnungen zu ziehen. Allzu leicht projiziert man Vorurteile hinein und bekommt sie dann – vermeintlich – bestätigt. Die Zeichnung kann uns aber helfen, andere umfassende Beobachtungen am Kind zu bestätigen.

GEMEINSAM GESTALTEN

Im folgenden werden einige Beispiele aus der Praxis vorschulischer Erziehung beschrieben, bei denen meist mehrere Kinder zusammen gemalt haben.

Der Riese und der Hans

Die Kinder haben am Vortag eine lange Geschichte vom Hans und dem Riesen kennengelernt. Sie erzählten sie mit allen Ausschmückungen. Im Gespräch wurden viele Einzelheiten deutlich: das Hemd und die Hose des Riesen, seine Stiefel, der Gürtel und die Gürtelschließe, das Gesicht und die Augen, die Haarfarbe usw. Wir überlegten, wie groß wir den Riesen malen könnten. Schließlich breiteten wir voller Mut einen zwei Meter breiten Streifen Packpapier quer durchs Zimmer und beschwerten ihn mit Stühlen, Bauklötzen etc. Die Kinder saßen voller Achtung vor dem großen Papier. Nun begann die konkrete Planung. Wir überlegten, wo nun die Knie des Riesen sein könnten, wo der Bauch, wie groß der Kopf sein könnte ... Die Kinder diskutierten miteinander. Wenn sie sich geeinigt hatten, machte eines von ihnen einen Strich aufs Papier, um die Stelle zu kennzeichnen. Schwieriger war die Frage, wer was malen würde. Dabei gab es keine Hilfestellung. Sie mußten sich selbst einigen. Sie argumentierten und

kamen schließlich zu einem Ergebnis, das alle befriedigte. Die Arbeit konnte beginnen.
Zunächst wurden die Konturen festgelegt. Die Kinder staunten nicht wenig, wie lange alleine die Beine des großen Mannes wurden, wenn man sie einmal aufzeichnete. Dabei mußten sie aufeinander Rücksicht nehmen, da sonst der Riese ja nicht zusammenpaßte. Es war kein Laut zu hören, als die Kinder zu malen begannen. Sehr große Flächen waren zu bewältigen. Zwischendurch standen die Kinder immer wieder auf, um voller Staunen auf das große Werk zu blicken und sich gegenseitig Ratschläge für Verbesserungen zu geben. Als alles fertig war, wurde das Ergebnis fachmännisch begutachtet; ein paar Stellen wurden verbessert. Jetzt wollten alle Kinder wissen, wie groß der Riese wirklich war. Sie legten sich eines hinter das andere auf den Boden: Er war sieben Kinder hoch, rund zehn Meter.
Das nächste Problem war, wie das Meisterwerk aufgehängt werden sollte. Das war nicht ganz einfach. Als Stelle, die geeignet erschien, bot sich die Wand hinter dem Puppentheater an. Mit viel Mühe wurde der lange Kerl an der Wand befestigt. Die Füße waren schon länger als die Höhe der Wand, so mußte der „Rest" an der Decke befestigt werden. Er blickte mit seinem riesigen Kopf jetzt mitten von der Zimmerdecke in den Raum.

Abb. S. 64:
Der Riese wird gemalt.

Abb. S. 65:
Die „Riesengröße" ihres Riesen beeindruckt die Kinder sehr.

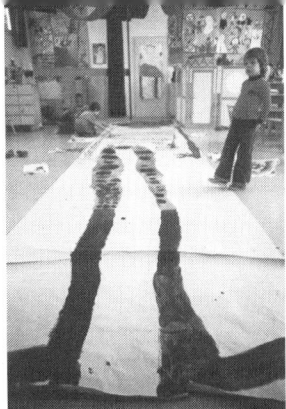

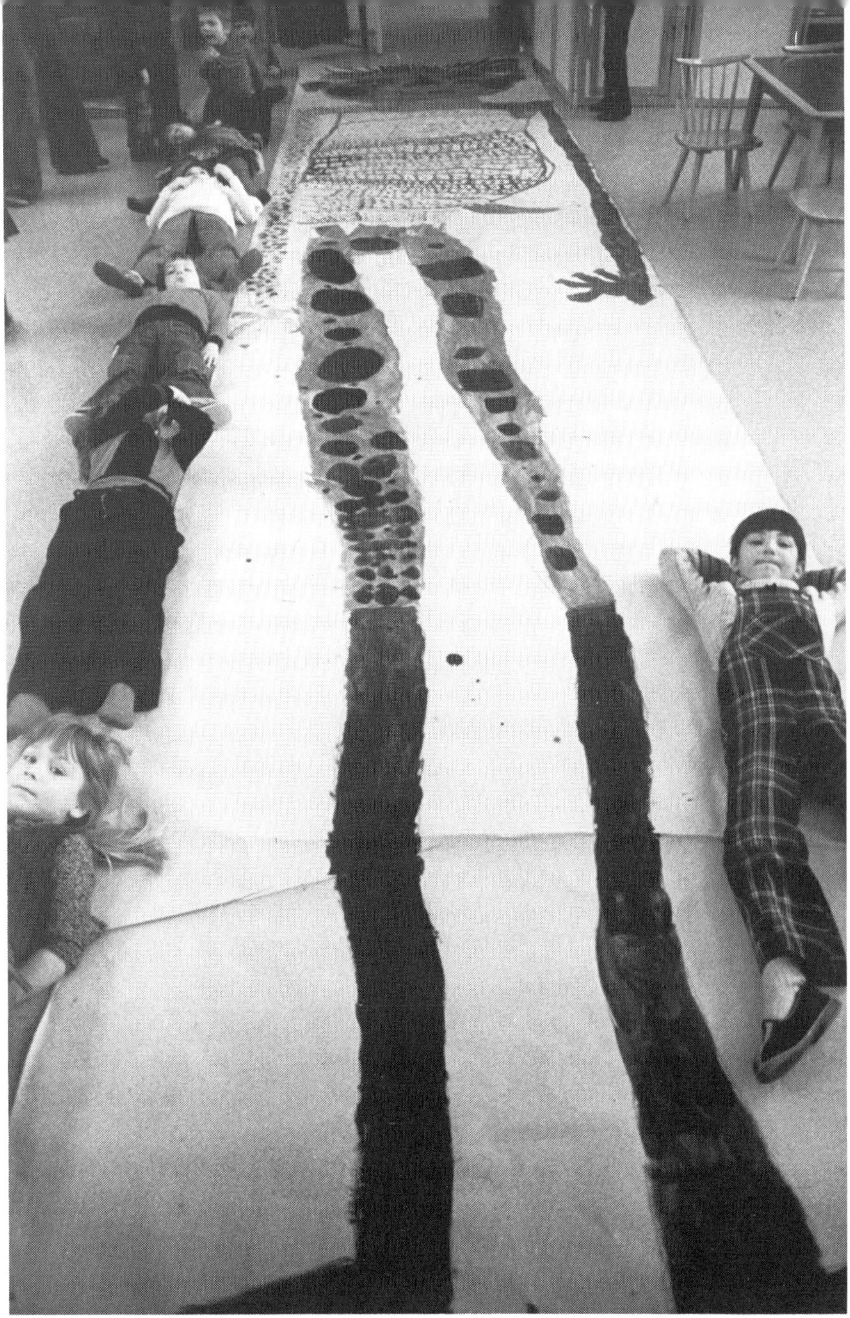

65

Man kann immer wieder die Kinder beobachten, wie sie voller Stolz die Hände in die Hüfte stemmen und langsam den Blick heben, bis sie mit grimmigem Lachen dem Riesen über sich ins Gesicht blicken.

Philipp war am „Riesentag" krank gewesen. Er war fassungslos, als er wiederkam, daß dieses „Riesenwerk" ohne ihn entstanden war. Er spürte förmlich den Gruppenstolz auf das Werk und fühlte sich ausgeschlossen. Wir überlegten, wie er noch zu beteiligen wäre. Da entstand der Einfall, Philipp könnte auf die Stiefel noch eine Stickerei malen. Ganz glücklich ging er ans Werk und war eine Stunde lang nicht mehr zu sprechen. Es störte ihn gar nicht, daß die anderen Kinder um ihn herumtollten und spielten. Er war wieder Teil der Gruppe durch seinen Beitrag.

Das Auge

Vorausgegangen war eine Bildbetrachtung eines jungen Mannes von Frans Hals. Die Kinder überlegten, warum der junge Mann so feierlich gekleidet ist, in welcher Stimmung er war und warum wohl. Als das Dia nicht mehr projiziert wurde, konnte kein Kind die Frage beantworten, welche Augenfarbe der junge Mann hatte. Es wurde hin und her geraten. Voller Neugier wurden schließlich die braunen Augen zur Kenntnis genommen.

Nun sollte jedes Kind sagen, welche Augenfarbe es selbst habe. Nur wenige Kinder wußten das. Es begann ein lustiges Beobachten. Für manche Kinder war es ein Erlebnis, die vielen verschiedenen Augenfarben feststellen zu können: blau, braun, schwarz, grau, grünlich usw. Völlig neue Gruppierungen entstanden. Wir unterhielten uns über unsere Augen, über die Mandelform, über die Pupille, die Iris, die Wimpern, die Tränendrüse, die Augenbrauen. Die Kinder blickten sich tief in die Augen und berichteten von ihren Beobachtungen.

Ein großes Hallo erzielte ein Hohlspiegel. Die Kinder hatten ihre Augen noch nie so groß gesehen. Jedes kleine Äderchen konnten sie sehen. Sie standen regelrecht Schlange, um sich immer wieder betrachten zu können.

Dazwischen bekamen wir einen lieben Besuch: den Konrektor der Grundschule, Herrn Bauer, der regelmäßig in den Kindergarten kam, um die Kinder kennenzulernen, die nächstes Schuljahr zu ihm kommen sollten. Die Kinder wollten sofort wissen, welche Augenfarbe er habe.

Wenn man jemand tief in die Augen blickt, ist das ja ein sehr intimer Vorgang. Normalerweise reagiert man aggressiv, wenn einem jemand unberechtigt zu nahe tritt. Nach der ersten Begeisterung, Herrn Bauer in die Augen zu blicken, trat auch die gleiche Hemmung ein: Darf man das? Herr Bauer kam den Kindern entgegen, und so wußten bald alle, daß er braune Augen hat.

Nun wollten die Kinder ihre Augen malen. Ganz groß zeichneten sie die Mandel aufs Blatt. Dazwischen liefen sie immer wieder zum Spiegel, um mit quietschendem Vergnügen ihr Auge zu betrachten.

Bei zwei Kindern konnten interessante Beobachtungen gemacht werden. Ein Mädchen malte voller Schwung das Weiße des Auges schwarz zu. Im ersten Augenblick ist man versucht, einzugreifen und zu sagen: „Paß doch auf, du malst das Weiße zu!" Mit Geduld war jedoch abzuwarten, bis das Mädchen selbst die Schwierigkeit entdeckte. Plötzlich stutzte es und fragte ratlos, was es jetzt machen sollte. Die Kinder in der Umgebung halfen mit Ratschlägen aus: überkleben, Deckweiß usw. Das Mädchen übermalte mit Deckweiß.

Samir hatte, wie alle anderen Kinder, sein Auge mit Staunen betrachtet, seine Mandelform gemalt und eine Pupille gezeichnet. Nach kurzer Zeit malte er eine zweite Pupille dazu. Die anderen Kinder lachten und sagten: „Samir hat zwei Augen gemalt." Samir be-

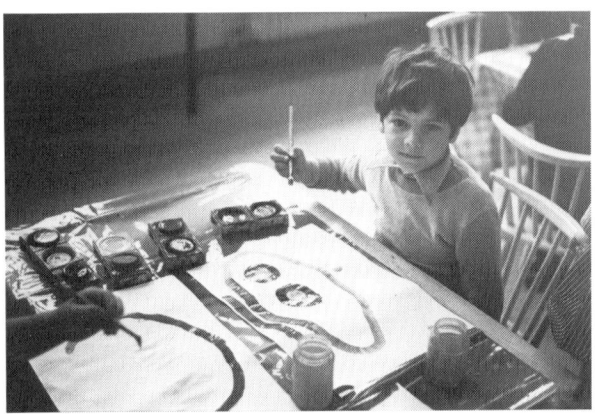

,,Wir malen unser Auge".
Die Kinder betrachten zunächst ihr Auge im Hohlspiegel.

67

wegte das gar nicht. Er verstand die Kritik nicht, denn er wußte ja selbst, daß er zwei Augen gemalt hatte. So wurde er auch nicht verunsichert.

Was war geschehen? Samir hatte sein Auge beobachtet und zu malen begonnen. Während seiner Tätigkeit wurde sein Wissen: ,,Ich habe zwei Augen" stärker als seine Beobachtung des einen Auges. Es hätte wenig Sinn gehabt, ihn auf den ,,Irrtum" aufmerksam zu machen. Es war kein Irrtum, es war für ihn logisch.

Wie groß ist der Herr Lehrer?

Kurz vor der Sommerpause tauchte immer häufiger das Schulthema auf. Die ersten Kinder berichteten vom Kauf eines Schulranzens. An diesem Vormittag war das Thema wieder besonders aktuell. Wir sprachen über die Schule und was ,,da drüben" ganz anders sein würde als im Kindergarten. Als besonders gravierend wurde das Problem empfunden, daß in der Schule alle Kinder ganz still auf ihrem Stuhl sitzen müßten und nicht herumlaufen dürften. Offensichtlich hatten ältere Kameraden und Geschwister darüber schon Schauermärchen erzählt. Als ein Kind feststellte, daß die Stühle in der Grundschule die gleichen seien wie die im Kindergarten, beschlossen wir, die Kinder sollten sich auf dem Stuhl malen. Es wurden große Papierbogen abgeschnitten, so groß, daß die Kinder ganz darauf paßten. Dann legten die Kinder ihren Stuhl seitlich aufs Papier und zeichneten die Größe an. Nun malten sie den Stuhl in ,,Lebensgröße". Es war lustig anzusehen, wie die Kinder dann versuchten, sich selbst zu vermessen. Sie legten sich seitlich aufs Papier, wie wenn sie auf dem Stuhl sitzen würden, und kennzeichneten – sichtlich umständlich –, wie groß sie auf dem Blatt gemalt werden müßten.

Als alles fertig gemalt war, wurden die Figuren ausgeschnitten und an die Wand geklebt. Die Schulklasse war nun da. Aber es fehlte der Lehrer.

Ein Blatt wurde abgeschnitten – groß genug für Herrn Bauer. Aber wie groß war er nun wirklich? Die Kinder saßen um den Bogen, jedes mit einer Farbe in der Hand, und überlegten. Dann setzte jedes seinen Strich aufs Blatt. Nun machten wir uns auf den Weg, ,,um den Herrn Lehrer zu vermessen". (Er war natürlich vorbereitet …) Mit Tempo zogen die Kinder – wie die Sieben Schwaben – zur Grundschule hinüber, klopften am Klassenzimmer und traten ein. Sie wurden von Herrn Bauer freundlichst begrüßt. Dann setzte ein Moment der Plan aus. Die Kinder hatten nicht überlegt, wie man Herrn Bauer beibringen sollte, was eigentlich los war. Nach einigem verlegenen Stottern war es dann soweit. Herr Bauer wußte Bescheid, daß die Kinder seine Größe ermitteln wollten. Zu dritt stiegen sie auf einen Stuhl, um seine Höhe zu erreichen. Mühsam wurde dann hinter ihm der Bogen entfaltet und nicht ohne Anstrengung der wesentliche Strich über Herrn Bauers Haupt angebracht. Die Klasse riß inzwischen den Mund auf, was da mit ihrem Lehrer alles vor sich ging. Die Kinder mußten erklären, was sie vorhatten, und erst nach dem Versprechen, das fertige Werk vorzuzeigen, wurden sie entlassen. Im Nu war man wieder im Kindergarten. Nach längerer Debatte – mindestens vier Kinder wollten den Kopf malen … – war man sich über die Aufgabenstellung einig. Mit viel Liebe und Genauigkeit entstand das Konterfei des zukünftigen Lehrers.

Dabei gab es noch eine lustige Panne. Jedes Kind hatte an seiner Stelle zu malen begonnen. Marco hatte den einen Fuß übernommen. Er begann mit dem Schuh und malte dann das Bein – mit großer Geschwindigkeit –, allerdings zur falschen Hüfte hin. (Es erforderte einige Selbstüberwindung, nicht einzugreifen …) Nikolaus hatte – langsamer – mit dem anderen

Die zukünftige 1. Klasse auf ihren Schulstühlen. Die Schönheit über dem Buben unten rechts bin ich…

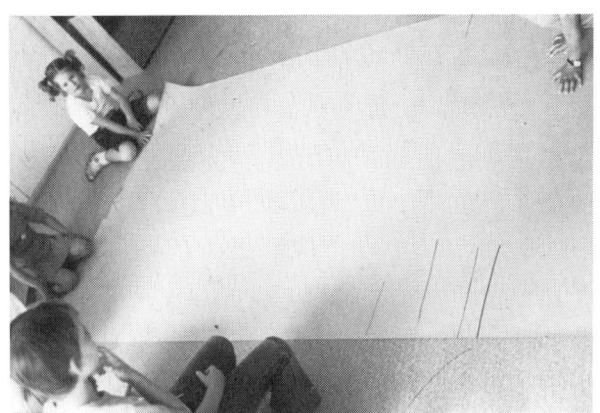 

Abb. S. 70: „Wie groß ist Herr Bauer?"
Die Kinder schätzten zunächst die Größe ihres zukünftigen Lehrers, indem sie einen Strich in der angenommenen Entfernung aufs Papier setzten. Dann ging es zur Schule. Hier wurde Herr Bauer vermessen, während seine Klasse atemlos das Geschehen verfolgte.

Abb. S. 71: Aufgrund der „genauen" Maßangabe wird Herr Bauer gemalt.

Fuß begonnen. Mitten am Schienbein blickte er auf und begann fürchterlich zu schimpfen: „Seine Hüfte war belegt!" Lautstark wurde der Konflikt ausgetragen, bis ein Kind vorschlug, Herr Bauer könnte die Beine über Kreuz haben. Das war die Lösung! Im Ergebnis sah es allerdings so aus, als habe Herr Bauer X-Beine. Beim Elternabend war die neue Klasse und ihr Lehrer Wanddekoration. Herr Bauer war dabei, weil er auch die Eltern kennenlernen wollte. Mit viel Gelächter überzeugten sich alle, daß Herr Bauer keine X-Beine hat.

„Ich habe Angst vor Ihnen, Frau Lehrerin!"

Viele Kindergärtnerinnen erzählen immer wieder, wie schwierig es ist, den Kontakt herzustellen zwischen Kindergarten und Grundschule. Dabei – so gerecht muß man sein – liegt es im allgemeinen nicht an den Erzieherinnen. Die Grundschullehrer sperren sich häufig, sind an einem Kontakt nicht interessiert und meinen, die Kinder kämen ja noch früh genug zu ihnen. Wie wesentlich ein organischer Übergang zur Schule ist, wie wichtig es für das Kind ist, zu wissen: Auch die Lehrerin ist eine Partnerin, die mich annimmt –, kann nicht oft genug betont werden.
Wie aber Ängste abgebaut werden können, wie sie überhaupt formuliert werden, zeigt folgende kleine Malgeschichte:
Wir hatten die zukünftige Lehrerin eingeladen, „ihre" Kinder zu besuchen. Endlich war es soweit. Sie kam. Die Kinder spielten noch, die Lehrerin unterhielt sich mit der Erzieherin. Ich ging mit den zukünftigen Schulkindern in den Nebenraum. Hier machten wir ein kleines Steckbriefspiel. Wie sah die Frau Lehrerin eigentlich aus? Was hatte sie an? Schmuck? Welche Haare? Schuhe? usw. Die Kinder begannen sich und die Lehrerin im Klassenzimmer zu malen. Wir sprachen ausführlich darüber. Die Kinder wurden immer neugieri-

ger, wie jetzt die Lehrerin wirklich aussah. Als sie schließlich – auf meine Bitte – in den Raum kam, wurde sie aufmerksam und schweigend von Kopf bis Fuß gemustert. Sie wurde fast verlegen. Dann brach der Sturm los: „Das hab' ich falsch gemacht!" „Ich habe die rote Kette vergessen" usw. Frau Lehrerin wurde „ergänzt". Sie war mit größter Gewissenhaftigkeit betrachtet worden. Jetzt berichteten die Kinder, was sie vom zukünftigen Klassenzimmer alles gemalt hatten. Es entspann sich ein ausführliches Gespräch, wie es in ihrem zukünftigen Raum aussah. Mitten in dem munteren Gespräch sagte Christoph: „Ich habe Angst vor Ihnen!" Andere stimmten bei. Plötzlich war die Stimmung weg. Die Lehrerin fragte verdutzt: „Wie kommt das denn? Warum hast Du denn vor mir Angst?" „Sie sind ungerecht!" – „Das mußt Du mir jetzt aber erklären!" – „Ja, der Karlheinz hatte sein Heft nicht dabei …" Nun folgte eine lange Geschichte über eine – wie Christoph meinte – offensichtliche Ungerechtigkeit. Glücklicherweise bewahrte die Lehrerin Geduld. Im ersten Augenblick wollte sie ungehalten reagieren. Dann konnte sie erklären, daß Christoph einem Mißverständnis erlegen war.
Das Gespräch ging weiter. Die Kinder malten wieder. Die Stimmung war ausgeglichen und heiter. Schließlich sagte Christoph: „Ich bin froh, daß Sie mir das erklärt haben. Jetzt mag ich Sie viel lieber."
Die Lehrerin war aber sichtlich auch froh. Wir sprachen hinterher noch lange darüber. Es war keine unbedeutende Kleinigkeit, die da aufgetaucht war. Die Kinder hegten ein tiefes Mißtrauen gegen die zukünftige Lehrerin. Untereinander hatten sie sich darüber verständigt. Angst verhindert aber Vertrauen. Vielleicht ist es aber durch die kleine Episode für einige Kinder leichter geworden, in den neuen Lebensabschnitt zu treten, nicht zuletzt deshalb, weil die Lehrerin die Chance wahrnahm, sich anders zu zeigen denn als Amtsperson. Sie nahm ihre zukünftigen Kinder für voll und sprach so mit ihnen.

,,Frau Lehrerin und ich in der Schule"

Christoph

Der Martinszug

Zeichnen und Malen ist zunächst ein individualisierender Vorgang. Das einzelne Kind entfaltet seine Bildsprache, verdeutlicht seine Vorstellungen und Empfindungen. Darüber sollte aber nicht übersehen werden, welche großen Möglichkeiten Gemeinschaftsarbeiten bieten. Der einzelne erlebt sich als Teil der Gruppe, er muß sich einfügen, wenn er das Ergebnis nicht gefährden will. Er braucht Argumente und muß auch seine Meinung vertreten.

Dies tritt aber nur ein, wenn die Erzieherin sich selbst zurücknimmt und nur den äußeren Rahmen absteckt. Sie organisiert ein Feld, auf dem die Kinder aktiv werden können, und sollte nur eingreifen, wenn ganz offensichtlich Kinder an die Wand gespielt werden. Das Gespräch am Anfang sollte so verlaufen, daß die Kinder deutlich sagen, was zur Bewältigung des Themas nötig ist und wer was beitragen wird. Das fertige Ergebnis zeigt immer wieder, wie stolz eine Gruppe ist, wenn sie etwas Gemeinsames durchgestanden hat. Einfache Themen in dieser Richtung sind ,,Der Faschingszug'' oder ,,Der Martinszug''. Auf einem großen Bogen malen die Kinder sich selbst nebeneinander, und trotzdem entsteht eine Gemeinschaftsarbeit. Man sollte aber darauf achten, daß auf wirklich große Bogen gemalt wird.

Bei unserem Martinszug steckten die Kinder noch voller Begeisterung. Am Vorabend hatte der Zug stattgefunden. Alle Kinder hatten Laternen gebaut und waren mit brennenden Kerzen durch das Stadtviertel gezogen. So bedurfte es keiner großen Motivation. Die Kinder wollten sich möglichst groß malen (teilweise erreichten sie sogar Überlebensgröße). Interessant waren Einzelbeobachtungen während der Arbeit. Ein paar Kinder malten sich verhältnismäßig klein. Als ein Bub die anderen tadelte, sagte ein Mädchen: ,,Laß sie doch! Wenn sie klein malen wollen, dürfen sie das auch. Wir haben doch alle Platz!''

Bei diesen großen Flächen treten auch technische Schwierigkeiten auf. Wo sollen die Farben hingestellt werden, wo das Wasser? Die Kinder sind darauf angewiesen, sich gegenseitig zu helfen. Es ist immer wieder erstaunlich, wie das ganz ohne Streit geht. ,,Gib mir doch bitte das Gelb herüber!'' – ,,Paß auf, da steht das Wasser!'' Und wenn es dann doch passiert und das Wasser verschüttet ist, gibt es keine Aufregung. Mit einem Putzlappen ist der Schaden bald behoben. Das große Werk verbindet eben.

Bis zum Aufhängen sollten die Kinder beteiligt sein, soweit das ohne Gefahr geht. Da die Kindertagesstätten aus naheliegenden Gründen niedrig möbliert sind, reizen die großen Wandflächen darüber, Träger von Gemeinschaftsarbeiten zu werden. Kinder lieben es, wenn ihr Raum so großzügig dekoriert ist, – und die Eltern übrigens auch.

An einer Gemeinschaftsarbeit kann man viel lernen und erklären, nicht zuletzt die Stellung des Einzelkindes zu den anderen.

Wir spielen Kasperltheater

Wochenlang hatten wir verschiedene Arten von Kasperltheater ausprobiert, viel Schattenspiel und Sprechpuppen, aber auch Finger- sowie Obst- und Gemüsetheater. Zum Abschluß wollten wir noch einmal malen, wie die Kinder Kasperltheater spielten. Die kleine ,,Geschichte'' soll eine andere, sehr einfache Methode der Gemeinschaftsarbeit schildern.

Die Kinder malten sich mit ihrem Kasperl auf ein großes Blatt Papier, jedes, wie es eben konnte. Dann wurde die Figur ausgeschnitten. Gemeinsam wurde dann eine große Bühne gemalt, d. h. in Wirklichkeit war es ein großer Bilderrahmen, den die Kinder mit verschiedenen Mustern verzierten. Es störte gar nicht, daß die Ornamente nicht einheitlich waren, im Gegenteil, die Vielfalt erhöhte den Reiz. Als die Bühne fertig

,,*Der Martinszug*" als Gemeinschaftsarbeit

war, saßen die Kinder außen herum und hielten ihre Figur in den Händen. Es mußte beraten werden, wer seine Figur wohin kleben sollte. Es wurde hin und her geschoben, bis alle Platz gefunden hatten.

Der große Baum

Ein Thema, das sich immer wieder bewährt, ist der „große Baum", vor allem bei altersgemischten Gruppen, weil hier alle ihren Beitrag leisten können. Das Thema kann aus einer Geschichte entwickelt werden oder aus einem Erkundungsgang. Wichtig ist eine ausführliche Beratung, was alles an dem Baum sein kann: Stamm, Äste, Zweige, Blätter, Blüten oder Früchte, Vögel, Schmetterlinge usw. Auf den großen Baum können die Dinge nun gemalt werden. Die fertige Arbeit kann ständig durch ausgeschnittene und aufgeklebte Teile ergänzt oder verschönert werden. Die Arbeit wächst also noch ständig.
Ein ähnliches Thema als „Dauerarbeit" ist „Unter Wasser". Ausgangspunkt könnte eine Geschichte sein, z. B. Swimmy, jener einsame Fisch, der auf der Suche nach Spielgefährten im Meer fantastische Abenteuer erlebt. Er begegnet der Feuerqualle, dem Hummer, dem Aal, vielen großen Fischen, dem Zauberwald usw. Auf einem riesigen blauen Bogen könnten alle Kinder ihren Beitrag leisten. Tiere und Pflanzen werden ausgeschnitten und aufgeklebt, Anlaß zu vielen Einzelgesprächen und Überlegungen, aber auch zu Gruppenplanungen.

Unser Viertel

„Darstellen" heißt für das Kind „klarstellen". Um etwas zeichnen zu können, muß die Vorstellung davon geklärt sein. Das Thema „Unser Viertel" kann für das Kind eine Hilfe bedeuten, sich zurechtzufinden. Hilfe kann dabei sein, mit den Kindern immer wieder Ausflüge in die Umgebung der Kindertagesstätte zu machen. Jedes Kind zeichnet zunächst das Haus, in dem es wohnt. Wenn mehrere Kinder im selben Haus wohnen, entsteht die erste kleine Gemeinschaftsarbeit. Nun überlegen die Kinder, was im Viertel noch alles wichtig ist: „der Kindergarten, das Kaufhaus, das Rathaus, das Feuerwehrhaus, der Kinderspielplatz" usf. Die Kinder überlegen, wo was liegt, und plazieren entsprechend auf einem großen Bogen. Straßen werden mit Kreide eingezeichnet. Wenn die eigenen Häuser aufgeklebt sind, müssen die anderen Gebäude gemalt, ausgeschnitten und aufgeklebt werden. „Das Viertel" kann auch unbegrenzt ergänzt werden: mit Bäumen, Autos, Tieren usw.

Der Bauernhof

Nach dem gleichen Prinzip können auch andere große Gemeinschaftsarbeiten entstehen, wobei das Malen erst die abschließende Zusammenfassung von Gesprächen, Erinnerungen, Auseinandersetzungen und Kombinationen darstellt. Die Kinder sollen dabei immer wieder auf die Warum-Frage stoßen, sie sollen lernen, Zusammenhänge zu hinterfragen und Antworten nicht aus dem Weg zu gehen. Manche Kindergruppen haben die Möglichkeit, einen Bauernhof zu besuchen. Für Stadtkinder ist das ein sehr tiefes Erlebnis, über das noch lange gesprochen werden kann. Allein die Vielfalt der Tiere: Kühe, Ochsen, Stier, Schweine, Schafe, Hühner, Hahn, Katzen, Hunde, Tauben. Dann die Gebäude: das Wohnhaus, der Stall, die Scheune, das Gerätehaus. Beeindruckend sind auch meist die Maschinen, der Traktor mit Pflug oder Mähmaschine, die Dreschmaschine, der Heuwender etc. und schließlich die Umgebung des Hofes, die Felder mit Korn, Rüben, Kartoffeln, die Obstgärten … Allein die Aufzählung zeigt, was man alles zeichnen und malen könnte.

Der Zoo

Ein unerschöpfliches Thema ist „Der Zoo". Nach dem Zoobesuch oder nach dem Betrachten malen die Kinder je „ihr" Tier und das entsprechende Gehege dazu. Das allein ergibt viele Überlegungen. „Warum leben die Tiere so?" – „Wo kommen sie her?" – „Wie werden sie gefüttert?" – „Wer füttert sie?" Die verschiedenen Teile ergeben zusammengesetzt einen großen Zoo – oder auch die Arche Noah. Dabei könnte der ganze Papierbogen in Form eines riesigen Schiffsrumpfes zugeschnitten werden. Im Rumpf sind dann die einzelnen Kammern – klein, flach, lang, hoch, je nach Tierart.

Die Baustelle

Das Prinzip dieser Gemeinschaftsarbeiten ist immer ähnlich. Die Erfahrungen und Erlebnisse der Kinder werden aktiviert, die Kinder werden angeregt, gemeinsam die große Sache zu planen und sich für Einzelaufgaben zu entscheiden. Eine Baustelle kann einen ganzen Kindergarten längere Zeit beschäftigen. Die Fragen der Erzieherin, z. B.: „Warum kann ein Bagger greifen?" helfen dem Kind beim Klären der Vorstellungen. Das Malen und Komponieren in der Gesamtanlage ist nur Teil eines umfangreichen Vorgangs in der Gruppe und im Einzelkind.

Zirkus

Wenn ein kleiner Wanderzirkus sich in der Nähe der Kindertagesstätte aufhält, können sich die Kinder meist gar nicht sattsehen: die Wohnwagen, das Zelt, die Stallungen, die vielen fremden Tiere und ihr Geruch, die Menschen in den seltsamen Kleidern ... Vielleicht läßt sich ein Ausflug ermöglichen, um mehr zu erfahren über das Leben und vor allem auch über die Sorgen und Nöte der Zirkusleute. Nach der Vorstellung ist Gesprächsstoff für lange Zeit, für Spiele, aber auch zum Malen. Mit Sicherheit finden alle Kinder etwas, was sie zum Gestalten anregt: Clown, Trapezkünstler, Dressurakte, Zauberer ... Gemeinsam kann das Zirkuszelt von innen gemalt und mit Akteuren bestückt werden. Schließlich können die Wohnungen und Ställe mit den Tieren hinzugefügt werden: jede Aufgabe als Ergebnis von Überlegungen und Gesprächen.

Der Angstmacher

Die Ängste der Kinder sind sehr konkret, obwohl es oft schwierig ist, darüber zu sprechen. In unserem Fall schilderten die Kinder, wann sie einmal so richtig Angst verspürt hatten. Alle typischen Situationen wurden offenbar: Angst vor Verlassensein, Angst im Dunkeln, Angst vor dem Unbekannten, Angst vor Versagen. Für die Geschichte von Bedeutung war die Erzählung eines Kindes, das von einer Fieberkrankheit berichtete. Es lag im Bett und betrachtete die Tapete. Plötzlich vermeinte es, die Tapete würde lebendig, und Figuren erschienen, die es bedrohten. Es beschrieb die Figuren, und fast alle Kinder wußten von ähnlichen Erlebnissen zu berichten. Als die Kinder ihre Angstbilder malten, war interessant, daß bei den meisten Bildern die Figuren einen sehr großen Mund, viele Augen und ungewöhnlich lange Finger hatten. Um die Angst nicht nur zu beschwören, spielten wir ein Angstspiel. Die Kinder bauten eine hohe Figur mit allen Attributen der einzelnen Angstbilder. Ein Mädchen spielte die Rolle eines Kindes, das ständig vor irgend etwas Angst hat. Die Ängste traten real auf, indem die anderen Kinder im Scheinwerferlicht ihre Malereien vorzeigten und entsprechende Geräusche von sich gaben. Ein anderes Kind versuchte das ängstliche Kind zu trösten und ihm zu erklären, daß seine Angst ohne Grund ist. Bis schließlich die Kinder vor dem Angstmacher waren. Das tröstende Kind führte das Mädchen um den Angstmacher herum, zeigte ihm, wie er gemacht war – aus Latten und Papier –, und begann ihn zu zerstören. Alle anderen Kinder halfen mit, und in wenigen Augenblicken bestand der Angstmacher nur noch aus Fetzen. Die Kinder waren geradezu explodiert. Die Angst war einer Befreiung gewichen. Es herrschte allgemeine Hochstimmung. Während des Spiels meinte man, in ein Fetischstück geraten zu sein, mit einer derartig intensiven Identifikation spielten die Kinder die Zerstörung des Angstmachers. So dramatisch und positiv das Spiel endete, es darf nicht übersehen werden, wie wichtig es für die Kinder ist, über ihre Ängste sprechen und sie sichtbar machen zu können. (Das Stück vom Angstmacher wurde ein Fernsehfilm, den der Autor zusammen mit Eduard Hermann und Raimund Ulbrich für das Feuerrote Spielmobil drehte.)

Kaleidoskope

Das Beispiel soll zeigen, wie auch Wahrnehmungserlebnisse Anregung zum Malen ergeben können. Die Kinder begeisterten sich an einer Sammlung von Kaleidoskopen und Oktoskopen. Wer einmal beginnt, diese herrlichen Spielzeuge zu sammeln, wird staunen, wieviel verschiedene Arten es im In- und Ausland gibt. Die japanischen Oktoskope gestatten einen Blick in die Umgebung, d. h. man kann in einem kleinen Dreieck durchsehen. Dieser Blick wird sogleich achtfach wiederholt, und jeder noch so zufällige Ausschnitt wird dadurch zum wunderschönen Ornament, dessen Regelmäßigkeit besticht. Die Kinder fasziniert es, wenn plötzlich viele Finger da sind, Münder, Nasen usf. Dann gibt es die altgewohnten Kaleidoskope (wenn man es wörtlich aus dem Griechischen übersetzt, bedeutet das, daß man etwas Schönes sieht) mit einfachen Farbgläsern, Rillengläsern usw. Die Wirkung reicht vom Glasfenster bis zur Biedermeier- oder Empiregirlande. Spezielle Kaleidoskope sorgen für besondere Wirkungen, z. B. jenes, in dem farbige Gläser lautlos in Öl schwimmen, das asiatische, das mit einer Spieluhr kombiniert ist, oder das surreale Kaleidoskop vom Museum of modern art in New York, bei dem Silhouetten von Menschen in verschiedenen Größen sich achtfach wiederholen und Ornamente ganz eigenen Reizes ergeben. In jeder Familie und in jeder Kindertagesstätte sollte es eigentlich eine solche Sammlung geben, die bei besonderen Anlässen „freigegeben" wird. Man wird längere Zeit nur noch „Ah" und „Oh" hören. Das Sehen ist nur noch Offensein und Aufnahme. Daraus können sich schöne Malaufgaben entwickeln. Die Kinder in unserer Gruppe hatten das Bedürfnis, Muster zu malen. Die Wiederholung im Sinne der Spiegelung spielte dabei keine Rolle. Sie erfanden nun eine Vielzahl abstrakter Ornamente und malten immer wieder neue. Schließlich montierten wir die Ergebnisse auf eine große schwarze Scheibe, die längere Zeit eine Wand unseres Raumes schmückte.

MALEN IM JAHRESABLAUF

Es gibt eine Unzahl von Beispielen, wie das Zeichnen und Malen zu Festen im Jahresablauf mit eingesetzt werden kann. Man sollte sich auch nicht scheuen, derartige Aufgaben im Rahmen der Kreativitätserziehung mit einzusetzen. Voraussetzung ist nur, daß Spielregeln eingehalten werden, d. h. das Kind bekommt Anregungen, keine Anweisungen! Nichts ist mir so unangenehm, wie wenn in einem Kindergarten alle Körb-

Besonders gerne mögen Kinder Kaleidoskope und Oktoskope.
Siehe auch Farbabbildung Seite 113.

chen, alle Sterne ... gleich aussehen, weil nach bewährtem und vorgefertigtem „Schnittmuster" die Kinder nur noch im Vollzug eingesetzt werden. Welche Fülle von Einzeleinfällen sind auch bei einem engeren Rahmen möglich, wenn der Erzieher sie wirklich anstrebt. Natürlich ist es einfacher, mit einer Schablone vorzuzeichnen; der Erfolg ist programmiert, das Ergebnis für das Kind kann dabei allerdings vergessen werden.

Ein paar Beispiele ältester Kindergartentradition mit echten Möglichkeiten zu ästhetischer Erziehung seien aufgezählt. Dabei ist nicht zu übersehen, wie wichtig es für die Elternarbeit ist, wenn die Kinder öfters etwas mit nach Hause bringen, worauf die Eltern auch ein wenig stolz sein können. Dieser Faktor mag romantisch klingen, aber er ist wichtig. Die Erzieherin wird viel eher Verständnis für Experimente und auch – leider braucht man es halt – für Bitten um finanzielle Unterstützung finden, wenn sie die Eltern davon überzeugen konnte, daß ihre Kinder auf ihre Arbeiten stolz sind.

Kerzen bemalen

Dieses Thema hat ja kulturgeschichtlich wirklich Traditionen. Man kann die Kerzen aus Abfällen selbst gießen, was jedoch die Hauptarbeit für die Erzieherin bedeutet. Gekaufte Kerzen lassen sich ornamental und gegenständlich bemalen. Da die normalen Farben auf Kerzenwachs nicht halten, muß ein Lösemittel beigegeben werden. Am einfachsten verwendet man ein Stück feuchte Seife, taucht den Pinsel in die nicht zu feuchte Farbe, reibt ihn dann auf der Seife und kann dann ohne weiteres auf der Kerze malen. Da die Farbe bei Berührung leicht wieder abgeht, bewährt es sich, die Kerzen mit farblosem Lack zu überziehen (Lackspray).

Ostereier bemalen

Wer ein Buch über die uralte Kultur bemalter Ostereier aufschlägt, ist beeindruckt von der Fülle technischer und natürlich künstlerischer Möglichkeiten. Nicht alle sind für Kinder im Vorschulalter geeignet. Bei manchen Techniken wird mit Säuren oder sehr spitzen Messerchen gearbeitet. Viele Techniken eignen sich aber sehr wohl. Dabei muß nur das Ei geschützt werden, da sich die kindlichen Hände aus Angst, das Ei zu zerbrechen, oft verkrampfen und dann das Ei wirklich zerbrechen. Das ist vermeidbar, wenn durch das ausgeblasene Ei eine Stecknadel geschoben und oben und unten ein Korken aufgesteckt wird. Das Kind kann dann den Korken halten, und das Ei ist ungefährdet. (Ein Korken kann auch auf eine Flasche gesteckt werden.) Am einfachsten ist es, das Ei mit dem Pinsel zu bemalen. Besonders gut geeignet sind dabei Japanpinsel, die eine haarfeine Spitze bilden. Sie sind verhältnismäßig preiswert zu haben. Wenn die Farbe nicht gut hält, reibt man die Eier am besten vorher mit Essig ab.

Beliebt ist auch die einfache Batik auf Eiern. Eine Nadel mit einem Glaskopf wird auf einen Korken gesteckt. Damit wird flüssiges Wachs (auf einer Kerzenflamme flüssig gehalten) auf das Ei übertragen. Das ergibt Punkte oder Keilformen. Schließlich wird das Ei in Ostereierfarben gefärbt. Die mit Wachs bedeckten Stellen nehmen keine Farbe an. Das Wachs kann mit Benzin entfernt werden.

Muttertagsgeschenke

Ein leidiges Kapitel ist neben Weihnachten z. B. Muttertag. Man soll ein Geschenk fabrizieren lassen. Aber welches? Wieviele Erzieherinnen haben da nicht schon gestöhnt! Ein einfaches Geschenk ist die bemalte Spanschachtel. Sie ist nicht teuer und hinterher auch zu brauchen. Manche Eltern legen darauf sehr großen Wert … Man grundiert die Schachtel innen und außen mit weißer Farbe (z. B. Tüncherfarbe, Tempera- oder Plakafarbe). Darauf können die Kinder malen: Tiere, Pflanzen, sich selbst, die Mutter etc. Schließlich wird die Schachtel mit farblosem Lack überzogen. Hinterglasbild: Bei Hinterglasmalerei wirken die Farben besonders leuchtend, weil sie hinter der Glasscheibe sitzen. Für die Kinder bedeutet es keine große Umstellung, von hinten zu malen, wenn sie zuerst die Konturen malen. Damit die Farben halten, wird am besten wieder Seife verwendet. die Leuchtkraft wird noch gesteigert, wenn das Bild mit Silberpapier hinterlegt wird (Schokoladenpapier).Ein Pappendeckel von der gleichen Größe wie die Glasscheibe bildet die Rückwand, ein breites Kreppklebeband den Rahmen.

Oft klagen Erzieherinnen darüber, daß sie Kinder in der Gruppe haben, die nicht gerne mit Pinsel und Farben (das steht hier immer auch für Wachsmalkreiden und Faserstifte) malen. Es wäre unsinnig, sie mit Gewalt dazu bringen zu wollen. Die Gründe für dieses Verhalten können mannigfaltig sein und müßten in jedem Fall geprüft werden.

Es gibt aber viele andere Möglichkeiten, mit Farben umzugehen, ohne die oben genannten Materialien. Eine ganz wesentliche ist die *Collage*. Voraussetzung dafür ist eine Sammlung von bunten Papieren, Pack- und Einwickelpapieren, Tapeten usw. Die Kinder reißen die Formen aus dem Papier heraus und setzen ihr Bild aus den Teilen zusammen. Die Kinder müssen dabei sehr konzentriert arbeiten, damit die unterschiedlichen Formen zustandekommen. Dabei finden viele Formentscheidungen statt. Fast sinnlos ist die Methode (die leider sehr verbreitet ist), bei der die Papiere in viele gleich große Fetzen (Mosaiksteine) gerissen werden und die Kinder ein womöglich vorgezeichnetes Bild daraus zusammensetzen. Besonders beliebt scheint hier das Thema ,,Schneemann" auf schwarzem Papier zu sein. Die Anforderung an die Kreativität ist minimal (drei verschieden große Kreise), alles ist Fleiß und sauberes Arbeiten. Viel schwerer wäre es schon, die drei Scheiben als Ganzes aus dem Papier zu reißen, dann die Knöpfe, Karottennasen, Kohlenaugen, Kochtopf und Besen.

Die Collagentechnik kann auch mit Stoffresten durchgeführt werden. Die Reste können geschnitten und aufgeklebt oder einfach angeheftet werden – auf einem geeigneten Bildträger. Stoff auf Bast ist mindestens fragwürdig.

Bewährt hat sich auch die Collage aus farbigen Seidenpapieren. Mit Klebebändern werden Transparentpapiere (Butterbrotpapiere) auf eine Fensterscheibe geklebt, auf denen dann die gerissenen Formen von Seidenpapieren befestigt werden. So können große Gemeinschaftsarbeiten mit Glasfensterwirkung entstehen.

BAUEN

Das Bauen ist ein ständiger Anreiz für die Kinder. Sie schichten alle möglichen Gegenstände übereinander und erproben die Statik. Mit großer Freude wird der Turm zerstört und wieder von vorne begonnen. Wenn das Unternehmen allerdings einmal eine bestimmte Höhe erreicht hat, wagen die kleinen Baumeister kaum mehr eine Bewegung. Auch die anderen Kinder achten das Kolossalbauwerk. Kein Architekt kann stolzer auf sein Gebäude sein als so ein kleiner Knirps, wenn der Turm einmal seine Körpergröße überschritten hat.

Wir bauen eine Burg

Zugegeben, die Hauptschwierigkeit ist das Sammeln der vielen verschiedenen Schachteln und deren Lagerung. Dabei braucht man jede Größe und Menge, von der Arzneimittelschachtel bis zur Verpackung von Fernsehgeräten. Den großen Bautag kann man gut vorbereiten durch Gespräche über Burgen, Bildbände, Postkarten, Dias, Geschichten über Ritter … Wenn es endlich soweit ist, ist der Kindergartenraum nicht wiederzuerkennen. Ein ganzer Berg von Schachteln liegt aufgetürmt aufeinander. Meist stürzen sich die Kinder mit Hurra auf die Schachteln und beginnen mit dem Bauen. Doch daraus wird noch keine Burg. Da müssen schon alle zusammenspielen. Wenn das den ersten Kindern klar wird, beginnt das große Palaver. Ein Konzept muß entstehen, und Aufträge werden verteilt. Die Erzieherin muß darauf achten, daß niemand vergessen wird. Dann beginnt die gemeinsame Arbeit. Aus dem Chaos entsteht langsam eine Bauanlage mit Häusern, Türmen, Brücken und Mauern. Das Schöne daran ist, daß so eine Burg in der Tat so groß werden kann, daß die Kinder sich in den Höfen bewegen können. Wenn alles fertig gebaut ist, wird die Burg mit weißer Wandfarbe gestrichen und dann bemalt. Fenster und Türen, Steine und Pflanzen werden aufgemalt, so daß die aufgedruckte Reklame verschwindet und die Anlage einheitlich wird. In den verschiedenen Fällen, in denen ich solche Burgen mit Kindern baute, waren sie wochenlang der beliebteste Spielplatz. Die Kinder bauten ihre Figuren auf und fuhren mit den kleinen Autos hin und her. Brücken entstanden, sogar Garagen wurden in diese modernen Burgen eingeschnitten.

Wichtiger noch als das fertige Werk erscheint mir aber vor allem der Prozeß während des Bauens, wenn die Kinder sich mit ihren Plänen einigen müssen, da sonst keine Burg zusammenkommt.

Die Wohnung

Technische Geräte werden heute mit Styropor verpackt, Verpackungsrahmen von großer Stabilität und oft bizarren Innenformen, außen aber meist rechteckig. Gerade Elektrofirmen sind oft froh, wenn jemand dieses Verpackungsmaterial abholt. Sie lassen sich mit Plastikklebstoffen sehr dicht miteinander verbinden und erreichen dann eine erstaunliche Festigkeit. Im Sommer können die Kinder daraus ganze Häuser mit verschiedenen Zimmern zusammenkleben, die dann im Garten stehenbleiben. Man verankert sie allerdings am besten mit Schnur und Hering im Boden, damit die extrem leichte Herrlichkeit nicht wegfliegt. Wenn das Material beisammen ist, beraten die Kinder, welche Wohnräume sie zum Spielen brauchen. Nun versuchen sie, die Styroporrahmen so miteinander zu verbinden, daß Wände entstehen. Dazu müssen alle zusammenarbeiten. Wenn das Haus fertig ist, kommen aus Stoff (alte Vorhänge und dergl.) die Dächer darüber. Die Kinder können nun das Haus streichen, eine große Malaktion! Und schon kann der Einzug beginnen. Das kann mit einem kleinen Fest verbunden werden wie bei einem echten Haus. Die Kinder haben den ganzen Sommer über eine Spielmöglichkeit, die sie selbst gebaut haben.

Stolzer kann ein Architekt auf sein Hochhaus auch nicht sein.

PLASTISCHES GESTALTEN

Für Kinder ist das plastische Gestalten sehr wichtig, nicht nur für das Training der Feinmotorik, sondern auch für die Ausbildung eines räumlichen Denkens. Schon beim Bauen ist ein solches Denken nötig, beim Kneten kommt aber als weitere Schwierigkeit dazu, daß die Kinder in Volumen denken müssen. Außerdem spielen oft statische Probleme eine Rolle. Das Kind lernt, wie weit ein Material trägt, wie lange es unter Umständen trocknen muß usw.

Leider sind die Knetmaterialien im allgemeinen sehr teuer. Die Kinder brauchen aber viel Material. In einer Großstadt gibt es deshalb den Erlaß, daß die Tonfiguren, die von den Kindern gebaut worden waren, wieder eingestampft werden müssen. Das ist natürlich absolut keine Lösung. Wenn sich ein Kind geplagt hat, darf man nicht anschließend sein Produkt zerstören. Da hätte man es besser nicht gemacht.

„Der Eisbär aus Papier"

Das billigste Material ist das Zeitungspapier, das zusammen mit Tapetenkleister eine sehr brauchbare Knetmasse ergibt. Das Zeitungspapier wird in kleine Stücke gerissen und in Kleister eingeweicht, bis es gut durchgezogen hat. Noch besser eignen sich die Eierbehälter aus gepreßtem Papier. Dieses Papiermaché härtet im Lauf der Zeit gut aus (durch Trocknen) und läßt sich dann bemalen. Die Plastiken werden allerdings nicht sehr groß, da man sonst Unmengen von Material bräuchte, bzw. in mehreren Stufen arbeiten müßte, weil sonst das Material nicht richtig durchtrocknet. Ich arbeite lieber nach der Methode, die später bei den Sprechpuppen noch einmal genauer besprochen wird: Das Innere der Plastik bilden große Papierknäuel, die gegen das „Auseinanderlaufen" mit Kreppklebeband zusammengeklebt werden. Darüber werden Zeitungspapierstreifen von ca. 4 cm Breite, die mit Tapetenkleister bestrichen wurden, bandagiert. Nach mehreren Lagen kann die Oberfläche verformt werden. Diese Plastiken werden sehr hart. Man kann sie anschließend bekleben und bemalen.

Soll die Plastik sehr groß werden, verwendet man für das Innere am besten „Kaninchenstallgitter". Dieser Maschendraht läßt sich leicht verbiegen; eingebogene „Abnäher" ergeben das erwünschte Volumen.

Plastilin oder Knete

Meist findet sich im Kindergarten Knete in mehreren Farben und in kleinen Röllchen. Nach dem ersten Gebrauch nimmt die Masse Marmorfärbung an und läßt dafür an Elastizität nach. Diese Materialien sind sehr schön, aber m. E. zu teuer. Von den anderen käuflichen Knetmassen möchte ich ganz schweigen. Wenn schon gebacken werden soll, läßt sich die uralte Sitte der Gebildebrote wieder auferwecken. Plastiken aus Teig wurden seit vielen Jahrhunderten gemacht. Entweder ißt man sie dann auf (das ist aber eine Zerstörung aufgrund eigenen Entschlusses) oder man verwendet sie als Dekoration für den Weihnachts- oder Osterbaum. Als Teig eignen sich Lebkuchenteige oder einfacher Brotteig (Hefeteig).

Ton

Glücklich der Kindergarten, der eine Ziegelei in der Nähe hat. Hier findet sich das beste und zugleich preiswerteste Knetmaterial. Einige luftgetrocknete Ziegel geben viel Material. Man weicht sie in etwa der gleichen Menge Wasser wieder ein, und nach kurzer Zeit ist der Ton wieder knetbar. Nach dem Brennen können die Figuren mit Deckfarben bemalt und schließlich mit farblosem Lack geschützt werden. Wenn diese Technik auch etwas materialfremd ist, halte ich sie trotzdem für sinnvoller, als wenn ein Keramiker die Kinderplastiken nach Gutdünken mit Glasur überschüttet – ohne Zutun der Kinder.

Negativschnitt

Eine Technik, die Kinder sehr stark fesselt! Am besten sammeln wir eine Reihe von Käseschachteln. In diese schütten wir einen Gipsbrei bis etwa einen Zentimeter unter dem Rand. Wenn der Gips ausgehärtet ist, können die Kinder ihre Zeichnungen kräftig mit einem Nagel in den Gips kratzen. Danach wird der Gips wieder feucht gemacht und eingeölt (oder mit Schmierseife bestrichen). Nun kann flüssiges Wachs eingegossen werden. Nach dem Abkühlen läßt sich das Wachs spielend vom Untergrund lösen. Eine Technik, die sich wie die folgende gut für Christbaumschmuck eignet.

Prägen von Folien

Dünne Metallfolien werden auf dicke Zeitungspapierunterlagen gelegt. Mit einem alten Kugelschreiber zeichnen die Kinder auf der Folie und prägen sie dadurch. Wenn sie sich zu stark wellt, empfiehlt sich eine Gegenzeichnung. Die fertige Prägearbeit kann ausgeschnitten und mit dem leuchtenden Glühlampenlack bemalt werden.

Der Ritter Kunz von Wellpappe

Mit Wellpappe wird leider nur in wenigen Kindergärten gearbeitet. Dabei hat gerade dieses Material einen ganz besonderen Reiz durch die zweierlei Oberflächen. Aus ihnen lassen sich herrliche Figuren zusammendrehen, Rüstungen ausschneiden, Roboter bauen. Bei Seitenbeleuchtung kommt die ganze Pracht erst so richtig zur Geltung.

5.4 Experimente mit Materialien

Diese Techniken könnten auch im Kapitel „Bildsprache" aufgeführt sein. Sie sind absichtlich herausgenommen, weil die Kinder auf diesem Weg Erfahrungen sammeln können mit Materialien und Farbauftrag, bevor es zur inhaltlichen Festlegung kommt. Allein das Spiel mit Farbe auf feuchtem Papier ist fast unbegrenzt. Zuzusehen, wie ein Farbklecks zerfließt, sich mit einem anderen mischt, bei schräg gehaltenem Papier in Bewegung gesetzt werden kann, macht immer wieder Spaß. Dazu gehören auch die Kleckspapiere, bei denen die Papiere gefaltet werden. Kurt Philipps hat in der Zeitschrift „Welt des Kindes" (Nr. 6/1977) beschrieben, wie man mit diesen Klecksbildern Assoziationsspiele mit Kindern machen kann, wie man sie als Ausgangspunkt für neue Gestaltungen verwenden kann durch Fortführen und Steigern. Kleckse lassen sich auch verblasen; das führt zu den merkwürdigsten Insekten- und Baumformen. An dieser Stelle sei nochmals auf das Arbeitsheft: „Ästhetische Elementarbildung – ein Beitrag zur Kreativitätserziehung" hingewiesen, in dem eine Reihe von Experimentiertechniken beschrieben sind, z. B. die „Türkischen Papiere", „Kleisterpapiere" u. a. Zwei weitere sollen hier aufgeführt werden.

ten), nicht so sehr mit großen Flächen. Das ist zum ersten merkwürdig, dieses Weiß auf Weiß. Wenn alles getrocknet ist, überzieht man vorsichtig das ganze Blatt mit schwarzer Scriptoltusche. Das ist zum zweiten überraschend. Es ist wie eine kleine Beerdigung. Wenn alles aufgetrocknet ist, legt man das Blatt in ein Wasserbecken, weicht es etwas ein und streicht dann sorgfältig mit der Hand darüber. Das Deckweiß löst sich nun auf und hebt die Tusche ab. Plötzlich ist die Zeichnung weiß auf schwarz wieder da. Die Kinder quittierten das bei meinen Versuchen mit großem Geheul!

Diese Technik läßt sich natürlich differenzieren. Man kann weiß auf farbigem Papier malen. Wenn das Deckweiß abgelöst ist, steht die Zeichnung auf schwarz. Oder man kann die Technik bis zur Papierbatik erweitern: Es wird mit Deckweiß auf weißes Papier gemalt. Das Blatt wird z. B. mit gelber Scriptoltusche bedeckt. Alles, was nun gelb bleiben soll, wird wiederum mit Deckweiß „reserviert". Nun kommt die nächste Farbe darauf, bis schließlich die letzte Schicht schwarz wird.

Beim Einweichen kommen die unteren Schichten der Reihe nach wieder zum Vorschein.

Absprengtechnik

Das ist eine, wie man zunächst meinen könnte, sehr umständliche Technik, die aber für die Kinder mit vielen Überraschungen verbunden ist. Die Kinder malen auf weißes Papier mit Deckweiß – nicht zu dünn. Dabei sollte nur mit Linien gearbeitet werden (oder mit Punk-

Materialdrucke

Im erwähnten Arbeitsheft waren Stempeldrucke, z. B. Kartoffelstempel, beschrieben. An sich können viele Materialien als Druckstöcke verwendet werden. Die Drucktechniken haben in den meisten Kindergärten noch sehr wenig Eingang gefunden. Dabei ist das Kind gezwungen, bestimmte Objekte nicht nur auf die direkte Bedeutung hin anzusehen, sondern auch auf ihre Möglichkeiten als Druckstock – ein verfremdendes Denken in der Sprache der Kreativität, die Fähigkeit zur Neudefinition.

Wenn man z. B. Blätter von Bäumen ganz dünn mit Linoldruckfarbe einwalzt, kann man sie mit allen Strukturen drucken. Es ist unschwer vorzustellen, welche umfangreiche Drucksammlung da in kurzer Zeit entsteht. Dann beginnt aber erst das Suchen: Welche Strukturen hinterlassen Styropor, Rupfen, Store, Spitzen, Holz, aber auch Finger, die Hand, der Fuß? Wie ist das, wenn Schnüre und Wolle auf Karton geklebt werden und so ein neuer Druckstock entsteht? Kann man da mit Schnüren zeichnen? Lassen sich aus den Materialdrucken Bilder zusammenstellen, vielleicht als Collagen? Ein Riesentier könnte so entstehen usw. Übrigens gibt es wasserlösliche Druckfarben. Aus naheliegenden Gründen sollte darauf beim Kauf geachtet werden.

Spiel mit dem Diaprojektor

Manche Materialien können die Kinder auch auf Diagläser aufkleben und projizieren. Die Wirkung ist immer wieder verblüffend, wenn man z. B. eine Vogelflaumfeder aufklebt und nun plötzlich 2 m hoch bestaunen kann. Jedes kleinste Härchen ist zu sehen.

Einmal auf der Fährte, wird man neugierig, wie Watte wirkt oder Wolle, Schnüre, kleine Blätter, die dünnste Schicht eines Papiertaschentuches usw. Geradezu atemberaubend ist es, wenn ein Tropfen transparenter Alleskleber zwischen zwei Diagläsern zerquetscht wird und man versucht, die beiden Gläser wieder auseinanderzuziehen. Durch die Klebkraft entstehen feine Wurzeln, Ästchen und Zweige. Im Projektor entfalten sie ihr Leben erst ganz, wenn das Kind langsam mit dem Finger vor der Projektorlinse auf- und abfährt. Die Plastizität des Allesklebers wirkt wie eine neue Linse. An der Wand entstehen plastische Wirkungen und sogar Farbbrechungen. Mit farbigen Glühlampenlacken schließlich können geradezu Farbkonzerte veranstaltet werden. Diese Diagläser machen an sich schon Spaß und provozieren von sich aus die Experimentierfreudigkeit. Man kann sie wirkungsvoll als Kulissen bei Schattenspielen einsetzen, als Dekoration bei Parties, als Hintergrund zum Geschichtenerzählen und Nachdenken, als Assoziationsanlaß, um eigene Geschichten zu erfinden, und als Einstieg für die Betrachtung gegenstandsloser Bilder.

5.5 Puppen

Wer irgendwo in Europa einen Jahrmarkt besucht, wird mit Sicherheit ein kleines Theater finden, ein Theater für Kinder, in dem mit Puppen gespielt wird. Meist sind es alte, oft ramponierte Veteranen, die da zwischen Plüsch und bemalten Kulissen agieren. Dabei werden hier alte Rituale „zelebriert". In München gibt es seit Jahrhunderten ein paarmal im Jahr einen kleinen sehr beliebten Markt, die Auer Dult. Auch dort spielt der Dultkasperl. Wenn man sich zwischen den vielen Kindern auf den kargen Klappstühlen einen Platz erobert hat, taucht man in eine merkwürdige Stimmung zwischen Erwartung und Aufregung. Mit Genugtuung wird wahrgenommen, wie jemand durch ein Loch im Vorhang blickt, um sich zu überzeugen, ob das Theater auch voll ist. Endlich ist es soweit. Der Vorhang wird aufgezogen. Der Kasperl mit langer Zipfelhaube, roter, unübersehbar großer Nase und seinem Schlaginstrument, der Pritsche oder Patsche (einem Holzstück, das zum längsten Teil in zahlreiche Parallelstücke gespalten ist und viel Krach erzeugt), tritt auf: „Tritratralala, tritratralala, tritratralala, tritratralala, tritratralala. – So Kinder, seid's alle da?" – Ein großes Gebrüll: „Jaaa." – „Habt's a Geld da?" – Etwas zaghafter: „Ja." – Ein ganz Frecher: „Mir ham scho zahlt!" – „ So, aha, dann kemma (können wir) ofanga!" Das Anfangsritual ist vorbei. Das Stück beginnt. Der Kasperl gähnt furchterregend. „Kinder, ich bin heut müd. Es war so weit her zu euch. Ich schlaf ein bisserl. Aber daß ihr ja aufpaßt, wenn was kommt." Und schon legt er sein Haupt auf die Bühnenkante und schnarcht in sämtlichen Höhen-, Tiefen- und Pfeiflagen. Die Kinder wiehern und quietschen. Plötzlich – es war nicht zu vermeiden – erscheint der böse Räuber. Die Kinder brül-

len wie am Spieß: „Kasperl, Kasperl, der Räuber!" Kasperl erhebt sich langsam und schaut in die falsche Richtung. Das Gebrüll steigert sich ins Infernalische. Endlich sieht Kasperl den Feind und haut ihm die Pritsche über den Kopf. Der greift zu und nimmt sie ihm weg. Entsetztes Schweigen. Der Kasperl ist wehrlos. Er schimpft: „Ja, was ist denn jetzt des? Ja so ein Schlawiner, so ein schlechter! Nimmt der mir mei Pritschn weg. Dem werd' ich's zeigen. Ja, Kinder, was mach ma denn jetzt?" – „Hol an Hammer!" „Das is a Idee. An Hammer hau ich ihm nauf" usw. usf. Schließlich besiegt der Kasperl den Bösen und muß dann ganz schnell heim zu seiner Grete, weil er da „ein Riesentrumm Wurscht kriegt und a ganzes Faß Bier!" Die Kinder brüllen, lachen, leiden mit dem Helden in einer Lautstärke, die für das Trommelfell gefährlich wird. Neben mir saß einmal ein Japaner – der deutschen Sprache nicht ganz mächtig –, der entsetzt in die Runde blickte und sich dann hilfesuchend an meinem Arm festhielt. Die Kinder identifizieren sich mit dem Kasperl. Es ist, als ob sie es selbst erleben würden. Das ist überall so, ob der Held Kasperl, Kasparek, Pieter Claasen, Punch, Pulchinella, Pinocchio, Karagöz oder wie auch immer heißt! Dabei ist diese Erscheinungsform auf dem Jahrmarkt nur noch der heruntergekommene Erbe eines Ahnen, der früher in der Kirche auftrat, in Mysterienspielen und Kulttheatern. Vielleicht erinnert der Name Marionette (die kleine Maria) noch daran. In jedem Fall ist die Puppe ein Medium, in das man Inhalte legen kann. Das kleine Kind, das ein Stück Holz in ein Papier wickelt, mit ihm spricht, es bettet, ihm zu essen und zu trinken gibt, projiziert das ganze Leben in dieses Stück Holz.

Der Moskauer Puppenspieler Sergei Obraszow antwortete auf die Frage, warum die Puppe so lebendig sei, mit dem paradoxen Satz: „Weil sie tot ist!" Sie wird lebendig durch den Spieler; seine Fantasie, sein Einsatz, seine Wünsche, Nöte, Ängste, Freuden erwecken sie zum Leben. Es ist, wie wenn man selbst nicht da ist, man rutscht gleichsam über seinen Arm in die Puppe. Und der Zuschauer löst diese Projektion wieder heraus. Auch er empfindet mit, wenn die Puppe weint, lacht, schlägt, Angst hat. Sie ist auch ein Teil von ihm.

Das Kind nimmt die Puppe außerordentlich ernst, in jeder Form. Jeder Erzieher kennt das Erlebnis: Das Kind spricht mit der Handpuppe auf meinem Arm, obwohl es sieht, daß sie auf meinem Arm steckt und daß ich es bin, der spricht.

In unseren Kindertagesstätten kennt man meistens die Handpuppen. Der Kopf (es gibt leider grauenhafte zu kaufen) steckt auf dem Zeigefinger, Mittelfinger und Daumen fahren in das Kleid und bilden die Arme. So verbreitet dieser Figurentyp ist, so schwierig ist er auch zu führen. In diesem Kapitel sollen verschiedene Puppentypen vorgestellt werden, die die Kinder selbst bauen können und die eine Vielfalt von Verwendungsmöglichkeiten bieten. Davon wird die Rede sein, ebenso aber von möglichen Stücken, die man spielen kann, und von entsprechenden Bühnen.

Für alle Puppentypen gilt: Sie sind eine Möglichkeit, spontan zu spielen und zu improvisieren. Es widerspricht dem Wesen dieses Mediums, die Kinder auf bestimmte Dialoge hin zu trimmen. Es ist besser, einen Rahmen abzustecken, in dem die Kinder frei spielen und agieren können.

Kinder albern sehr schnell, wenn sie mit Puppen spielen. Sie schlagen aufeinander los, und das große Chaos bricht aus. Wenn man nicht direkt ein größeres Spiel ansteuert, hat sich die Gegengruppe bewährt. Sie selbst führen sie. Sie spielen von der anderen Seite der Bühne – gleichsam als Regisseur. Durch Fragen bringen Sie das Gespräch in Gang, bis es wieder stockt; dann sind Sie wieder auf den Plan gerufen: „Wer bist du denn?" – „Ich bin der …" – „Und was machst du gerade?" – „…" – „Wer hilft dir denn dabei?"

Eugen Ocker, alias Fritz Gebhardt, hat in seinem äußerst lesenswerten Buch „Papa, erzähl mir a G'schicht" ein Prinzip vorgeführt. Der Vater sitzt vor dem Einschlafen am Bett seines Sohnes. Der bettelt: „Papa, erzähl mir a G'schicht." – „Klar erzähl ich dir eine Geschichte. Von was denn?" – „Erzähl mir eine Geschichte vom Krokodil!" – „Was macht denn das Krokodil?" – „Es ist im Urwald und hat Hunger!" … Die Geschichte erzählt eigentlich der Sohn. Der Vater holt sie nur aus ihm heraus.

KNOTENPUPPE & CO.

Puppen brauchen nicht kompliziert zu sein. Gerade Puppen mit besonders expressiv ausgeprägten Gesichtszügen verbauen der eigenen Fantasie viele Möglichkeiten. Der Kasperl mit dem „cheese-smiling", mit dem immerwährenden Grinsen, tut sich hart, wenn er traurig sein oder womöglich weinen soll.

Die einfachste Puppe ist die Knotenpuppe. Der Zipfel eines Kopftuches wird verknotet. Man fährt mit dem Zeigefinger von unten in den Knoten, das Tuch hängt vorne über den Handteller herunter. Daumen und die restlichen Finger bilden die Hände. Es ist ganz erstaunlich, wieviele Gefühlsregungen man mit der Knotenpuppe spielen kann. Sie weint und lacht, ist frech und verlegen.

Ein zweites Tuch ergibt eine schöne Pelerine, eine Feder im Knoten den Kopfputz usw. Nach dem Prinzip der Knotenpuppe lassen sich viele verschiedene Puppen buchstäblich aus nichts machen. Der französische Puppenspieler Yves Joly spielt nur mit Handschuhen, schwarz und weiß; der schon erwähnte Sergei Obraszow steckte je einen Tischtennisball auf die Zeigefinger. Ich erlebte einmal während des Unimakongresses 1966 in München (Union International de la Marionette) eine ganz reizende Szene. Spät abends hatte das „Kleine Spiel" noch eingeladen. Der Leiter sprach ein paar Worte und sagte u. a.: „Wir haben den ersten Akt umgeschrieben, weil es schon so spät ist! Wir hoffen, er gefällt Ihnen." – Gong – Der Vorhang ging auf. Prasselnder Beifall: Auf der kleinen Bühne standen zwei Kasserollen mit Leberkäse, ein Riesenkorb mit Semmeln und eine ansehnliche Batterie von Bierflaschen! Man machte Brotzeit, bevor das Stück begann. Das Publikum bestand aus Puppenspielern aller Kontinente. Viele sprachen nicht Deutsch. Was die nun alles aus der Tasche zogen, um ihren Dank zu spielen: Der eine steckte den Deckel einer Streichholzschachtel über drei Finger – die Arme waren der Daumen und der kleine Finger. Ein anderer zog eine Krawatte aus, klappte das breite Ende etwas um und führte es mit der einen Hand, das schmale Ende wurde die andere Hand. Sofort assistierte ein anderer Zuschauer mit seiner Fliege. Ein anderer Spieler zog die Ärmel seines Pullovers hoch, nahm in jede Hand eine Semmel und legte eine rasante Szene eines verliebten Paares hin, das sich vorübergehend mißversteht.

Wer daraufhin einmal allein seine Küche untersucht, wird eine Vielzahl von möglichen Puppen entdecken, an die er bislang noch nicht gedacht hat: Topfreiber, jede Art von Bürsten, Flaschenreiniger und dann vor allem die Kochlöffel. Ein Taschentuch umgebunden, einen Fingerhandschuh aufgesetzt – fertig ist der König. Unschwer vorzustellen, was aus Kaffeesieb, Saucenlöffel und Salatbesteck für feine Figuren werden können. Dabei ist auch der V-Effekt (Verfremdungseffekt) faszinierend. Man sieht, es ist ein Kochlöffel, und zugleich nimmt man den König wahr. Der Inhalt schnappt förmlich um.

Diese Art von Puppen eignen sich am besten für Spontantheater. Das Stück entsteht sofort aus Rede und Gegenrede. Oder aber die Figuren begleiten – als Verdeutlichung – Kinderlieder und -verse. „Da schickt der Herr den Jockel aus..." Eine Bühne oder anderes technisches Zubehör ist nicht nötig. Die Puppe schafft sich ihren eigenen Bühnenraum durch ihre Aktion.

FINGERPUPPE – TÜTENPUPPE

Wenn die Kinder gerade ein neues Lied gelernt haben oder noch voller Begeisterung sind wegen einer Geschichte oder eines Bilderbuches, würde man gerne das Ganze noch einmal spielen. Für Rollenspiel ist es oft nicht geeignet, für Puppenspiel wäre es hervorragend. Man hat aber nicht das geeignete Ensemble. Die Puppen erst kompliziert zu bauen, bräuchte zuviel Energie. Die Begeisterung wäre dahin. Hier sind die Tüten- oder Fingerpuppen aktuell. Bei der Tütenpuppe malt das Kind einfach das Gesicht und eventuell das Kleid der Figur auf eine Tüte (breit oder spitzig), die dann wie ein Fäustling auf die Hand gesteckt wird. Als Projektionsmedium ist sie völlig ausreichend. Die Kinder können die ganze Geschichte noch einmal spielen.

Mit wenig Aufwand lassen sich die Tüten noch verzieren, indem Papierstreifen aufgeklebt werden. Vor allem wenn Tiere gespielt werden sollen, sind schnell Hörner, Schnäbel, Ohren, Schwänze, Flügel angebaut.

Tütenpuppen sind kurzlebig. Sie werden bemalt für die eine Geschichte, erfüllen ihren Zweck sofort. Man kann sie dann wegwerfen, obwohl man auch feststellen kann, daß Kinder mit ihnen immer wieder spielen, selbst wenn sie schon recht mitgenommen aussehen.

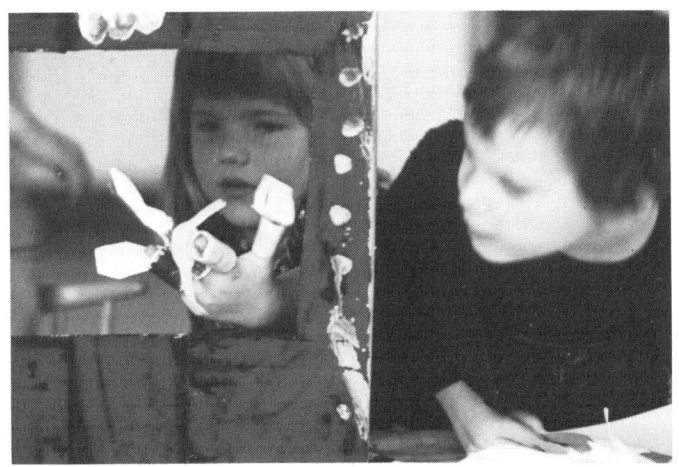

Puppenspiel mit Fingerfiguren. Siehe auch Titelbild!

FINGERFIGUREN

Die Fingerfiguren erfüllen einen Zweck wie die Tütenpuppen. Sie dienen der spontanen spielerischen Abrundung einer Geschichte. Die Kinder zeichnen ihre Figur – wie sonst auch – auf ihren Block, bemalen und bekleben sie und schneiden schließlich aus. Nun wird

aus einem Papierstreifen ein kleiner Zylinder geklebt, der gerade auf den Zeigefinger paßt. An diesen klebt das Kind nun seine Figur. Schon kann gespielt werden. Hier hat sich gezeigt, daß ein kleines Theater die Spielmöglichkeiten verdichtet. Aus einer großen

Schachtel wird die Bühnenöffnung herausgeschnitten. Den Kindern macht es großen Spaß, die Schachtel zu verzieren (Gemeinschaftsarbeit). Zum Spielen wird die Schachtel einfach auf den Tisch gestellt. Das Kind sitzt dahinter auf einem Stuhl und agiert.

Mit diesen Figuren können ganze Szenen noch einmal gespielt oder auch entwickelt werden. Dabei kann die Erzieherin mit einer ,,Gegenpuppe" mitspielen, die auch die Ansage und Begrüßung übernimmt.

MAROTTEN

Am Hof französischer Herrscher durfte nur der Hofzwerg oder Hofnarr die Wahrheit sagen. Bei ihm wurde gelacht. Es war jedoch nicht ungefährlich. Nur zu leicht war der Bogen überspannt, und der königliche Zorn entlud sich in unangenehmen Strafen. Der Hofzwerg verwandte dabei oft einen Trick: Er besaß ein Spottszepter – einen Stab, auf dem ein kleiner geschnitzter Kopf steckte –, die sogenannte Marotte. Wenn es nun brisant wurde, hob der Zwerg einfach seine Marotte hoch und tat so, als wenn sie das alles sagen würde. Er spielte im Grunde Puppentheater. Die Marotte lenkte von ihm ab. Das Interesse der Zuhörer galt ihr.
Das Wort Marotte ist heute zweideutig – wohl auch deshalb. Einerseits meint es den Zustand, wenn jemand einen ,,Tick" hat (er hat eine Marotte). Andererseits wird damit eine Puppenart bezeichnet, bei der – wie bei der Urmarotte – ein Kopf auf einem Stab steckt. Ein Tuch als Kleid kann dazukommen, eventuell auch Arme, die allerdings nicht eigens geführt werden; es sind nur Schlenkerarme, die durch den Rhythmus der Bewegung in Schwung kommen.

Da die Puppe sonst keine Gestik hat, lebt sie von der Grundbewegung des Stabes: auf und ab, vor- und rückwärts und Drehung. Die Bewegungsabläufe ergeben aber viele Ausdrucksmöglichkeiten. Hier ist es günstig, mit einer einfachen Bühne zu spielen, so daß die Figur ohne den Spieler wirken kann. Am einfachsten ist es, einen Tisch umzulegen. Die Tischplatte ist auf der Seite der Zuschauer, die Spieler sind zwischen den Tischbeinen, die nach hinten ragen.
Eine schnell aufzubauende Bühne ist das sogenannte Türstocktheater. Man sägt sich eine Latte zu – präzis 2 mm breiter als das Innere des Türstocks. So läßt sich die Latte als Spielleiste auf der richtigen Höhe sehr schnell einklemmen. Darüber hängt man eine Decke (Tischtuch, Vorhang), die am besten mit zwei großen Sicherheitsnadeln zusammengesteckt wird, damit sie nicht abrutschen kann. Das Türstocktheater hat nur den Nachteil, daß der Wechsel vom Zuschauer- in den Spielerraum kompliziert ist, wenn der Raum nicht eine zweite Türe hat; sonst aber ist es ein perfektes Theater.

OBST- UND GEMÜSETHEATER

Obst- und Gemüsetheater ist ein klassisches Marottentheater. Dabei muß vorausgeschickt werden, daß hier nicht mit Lebensmitteln gespielt wird, um sie zu

verderben. Vielmehr dürfen Äpfel und Birnen vor dem Verspeisen noch einmal agieren. Manche sind so schön, daß sie das wohl verdient haben. Mit hochgezogenen Pulloverärmeln ergreift das Kind seine Banane, Tomate etc., hängt ein Tuch als Turban, Kopftuch, Schal, Umhang usw. darüber und spielt. Leichter zu führen sind die Figuren, wenn man das Obst auf eine Gabel steckt. Mit aufgesteckten Perlen oder Knöpfen ist schnell ein Gesicht markiert. Obst- und Gemüsetheater ist wohl die vielfältigste Puppentheaterform, wenn man sich nur vor Augen führt, welche Möglich-keiten des Ausdrucks – abgesehen vom „üblichen Obst" – Fenchel, Lauch, Gurken, Kartoffeln mit Trieben, Meerrettichzehen, Rüben, Rettiche, Sellerie usw. bieten.

Obst- und Gemüsetheater hat sich auch bei einigen Elternabenden sehr bewährt. Die Eltern bauten die Puppen und spielten gleich einige Szenen.

Farbabbildungen Seite 113 unten!

FADENMARIONETTEN

Die Marionette bietet besonders sensible Bewegungabläufe, da ihre Glieder an Fäden hängen und gegen die Schwerkraft bewegt werden. Heinrich von Kleist beschreibt in seinem wunderschönen Aufsatz über das Marionettenspiel, wie der Spieler gleichsam zum Gott wird, wie er Gewalt hat über die Figur, wenn er mit seinen Fingern – durch Ziehen an den Fäden – die Puppe lebendig macht. Die meisten Marionetten sind für die Kinder zu kompliziert – zum Bauen und zum Spielen. Dennoch ist es erstaunlich, mit welcher Umsicht und Geschicklichkeit Kinder Marionetten führen können. Ich besitze eine Figur, die von Zeit zu Zeit mit in den Kindergarten darf. Die Kinder lieben sie sehr, behandeln sie als echte kleine Persönlichkeit. Sie wird begrüßt, die Kinder sprechen mit ihr, bewundern sie und führen sie mit größter Vorsicht. Dabei haben sie sehr schnell heraus, welcher Faden für welche Bewegung zuständig ist.

Dabei können die Kinder einfache Schlenkermarionetten sehr gut selbst bauen. Man braucht dazu ein Tuch (von der Größe eines Kopftuches), eine Kugel (Vorhangkordel, Holzkugel oder Styroporkugel), zwei Kieselsteine für die Hände und festen Zwirn. Das Tuch wird in der Mitte hochgezogen, in die Holz- oder Styroporkugel gesteckt und befestigt. Man kann es feststek-ken, kleben oder mit einem Pfropfen festklemmen. In zwei Zipfel des Tuches wird je ein Kieselstein eingebunden. Sie werden die Hände. Durch ihr Gewicht hängen sie nach unten und lassen sich dann an den Fäden leicht führen. Die Kugel des Kopfes kann bemalt und beklebt werden. Man kann Haare und Kopfputz daran befestigen. Die Hängung der Figur ist sehr einfach. Ein Faden wird von einer Hand zur anderen geführt. Die Länge des Fadens hängt von der Größe des Kindes ab. Ein zweiter Faden führt von einem „Ohr" des Kopfes zum anderen. Er wird z. B. mit Reißnägeln befestigt.

Das Kind führt nun die Figur, indem es mit der einen Hand den Kopffaden, mit der anderen den Armfaden führt. Will es die Hände einzeln führen, nimmt es beide Fäden in die eine Hand und führt mit den Fingern einen der Handfäden.

Die Fadenmarionette läßt sich besonders gut rhythmisch führen. Sie ist eine Tanzfigur, die den Takt von Musik ausgezeichnet aufnehmen kann. Sie braucht nicht unbedingt eine Bühne. Man kann sie offen auf dem Boden führen. Die Kinder bewegen sich mit ihren Figuren wie im Gruppentanz aufeinander zu und wieder auseinander. Ein Vorbild können die Squaredances sein oder Tänze wie die Française: Die Kinder ste-

 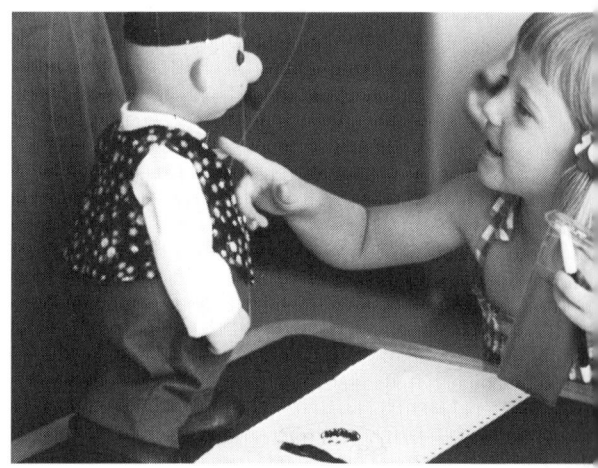

Die Kinder behandeln die Marionette als lebende Person.
Die Figur wurde von Günter Schlamp gebaut.

 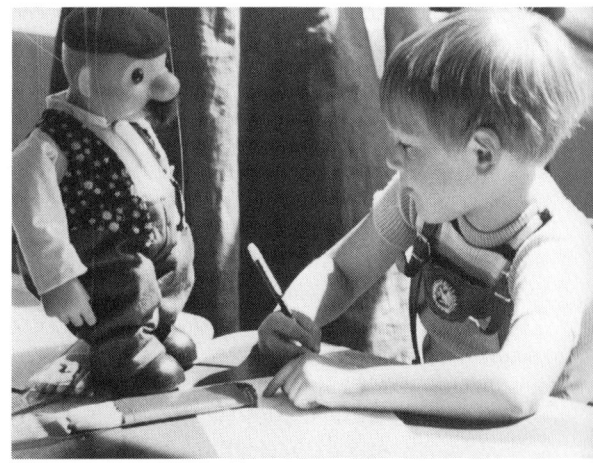

Beim Elternabend basteln die Eltern einfache Marionetten.

hen sich gegenüber, gehen aufeinander zu, verneigen sich, dann links und rechts, tanzen einen Dreher usw. Die Fadenmarionette führt zu einer sehr kontrollierten Bewegung, allein und in der Gruppe. Will man eine Bühne, so legt man einen Tisch um, breitet ein dunkles Tuch davor und darüber und leuchtet den Platz vor dem Tisch aus, Die Kinder stehen hinter dem Tisch, führen die Figuren vor dem Tisch auf dem Boden. Durch das Licht erhalten sie ihren eigenen Wirkungsraum. Die Kinder bleiben im Dämmer sichtbar. Es ist reizvoll zu beobachten, wie sich die Bewegung der Figur in der des Kindes vorbereitet.

SCHATTENSPIEL

Das Spiel mit Licht und Schatten lieben die Kinder sehr. Man braucht sie nur zu beobachten, mit welchem Spaß sie am Spätnachmittag ihre langen Schatten bewundern, über ihren Schatten zu springen versuchen, ihre Schatten vermischen und mit großen Gesten agieren. Mit beweglichen Lichtquellen (Stehlampen, Arbeitslampen oder auch Taschenlampen) lassen sich vergnügliche Spiele erfinden, falls der Kindergarten zu verdunkeln ist. Wenn nicht, sollte man mit allen Mitteln (nächster Elternabend, eigener Basar etc.) Gummivorhänge ansteuern oder, wenn die Fenster nicht zu groß sind, Rahmen aus Leisten mit schwarzem Papier überziehen. Mir ist völlig unverständlich, wieso Kindergärten nicht von vornherein verdunkelbar gebaut werden. Spiegelt sich hier eine antiquierte Medienfeindlichkeit?

Mit den beweglichen Lichtquellen lassen sich Ursache und Wirkung sehr anschaulich studieren. Hohe Lichtquelle – kleiner Schatten; niedere Lichtquelle – hoher Schatten. Zwei Lichtquellen ergeben zwei Schatten. Die Entfernung zur Lichtquelle bestimmt die Höhe des Schattens. Farbige Lichtquellen ergeben – das fasziniert Kinder besonders – Komplementärschatten, also rotes Licht grünen Schatten usw. Nun kann man große Papierbogen mit Kreppklebeband an die Wand hängen und die Schattenrisse nachzeichnen, ausschneiden und eventuell bemalen. Als uns, während eines solchen Spiels, der zukünftige Lehrer der Grundschule besuchte, wurde er sofort „an die Wand gestellt" und von den Kindern nachgefahren. Beim nächsten Besuch in der Schule wurde „er" dann feierlich überreicht und hing noch eine ganze Zeitlang in der ersten Klasse.

Aus dem Spiel mit den Lichtquellen entwickelt sich fast von selbst das Schattenspiel. Bei Sonnenschein kann man es an der Hauswand spielen. Sonst ist eine Bühne für das Menschenschattenspiel sehr schnell aus einem alten Bettuch gemacht: An jeden Zipfel wird eine Schnur gebunden, für die sich irgendwo im Raum immer Anknüpfungspunkte finden. Sonst wird einfach ein Tisch zurechtgerückt. Wer oft spielt, sollte mit entsprechenden Dübeln ein paar Rundschrauben oder Haken in die Decke und Wände drehen. So ist das Problem ein für allemal gelöst. Beim Menschenschattenspiel muß die Leinwand bis zum Boden reichen, beim Figurenschattenspiel bis über die Köpfe der Spieler. Am besten hängt man unten noch eine Decke dran, damit die Spieler nicht gesehen werden können.

Das Menschenschattenspiel führt von sich aus zu kontrollierten Bewegungen, da nur bei bestimmtem Umriß ablesbar ist, was das Kind meint. Kinder bewegen sich gerne nach Musik oder spielen kleine Geschichten. Sie ulken aber auch gerne. Beliebt ist das Schattenboxen oder das uralte Spiel vom Dr. Eisenbarth: Hinter der Leinwand steht eine Liege, zugedeckt bis zum Boden. Der Patient erscheint, teilt dem Doktor mit, daß er furchtbar Bauchweh und Kopfweh habe, woraufhin ihm der mit einer Schneeschaufel im Schatten eine Narkose verpaßt und ihn „ins Reich der Schatten" schickt. Da nun der Patient ordnungsgemäß auf die Liege niedergesunken ist, beginnt die Operation. Mit einer riesigen Schere oder Säge wird der Bauch geöffnet. Sollte der Patient dazwischen erwachen, hilft eine kleine Nachnarkose. Das Bauchweh ist schnell erklärt, wenn man sieht, was da alles im Bauch war: Kochtöpfe, Bügeleisen, Schuhe, Werkzeuge usw. Schließlich wird mit einer Gießkanne Wasser über den Kopf des Patienten (bzw. in einen Eimer dahinter) gegossen: Er kehrt ins Leben zuurück, nachdem vorher der Bauch mit einer langen Nadel und Schnur wieder zugenäht wurde. Nach Bezahlen der Rechnung kommt der nächste dran. Beim letztenmal wollten alle Kinder einmal Patient und Arzt sein...

Im Grunde war der Mageninhalt des Patienten bereits ein erstes Figurenspiel. Gegenstände warfen Schatten und wurden von den Kindern danach beurteilt. Es macht viel Spaß, Gegenstände zu suchen und ihre Schatten zu beobachen. Man kann ganze Rätselspiele daraus entwickeln. Ein Teekessel von unten wirft einen kreisrunden Schatten; leicht gedreht, verzerrt sich der Kreis, bis schließlich – von der Seite gesehen – Schnaupe, Henkel und Deckel auftauchen. Bürsten werden auf diesem Wege zu komischen Igeln, Schuhe werden Boote, aus verschiedenen Gegenständen kann man wahre Ungeheuer zusammenkombinieren. Bis man sich versieht, ist ein Stück fertig. Verschie-dene Schals sind plötzlich Raupen. Die kleinste Raupe frißt einen Apfel, eine Birne, ein Bügeleisen. Langsam wird sie größer. Sie frißt den Papierkorb, einen Stuhl usw. – Die Raupe ,,Nimmersatt'' ist in voller Aktion. Fehlt eigentlich nur noch der Schmetterling. Man kann ihn aus Draht biegen, eine Plastikfolie darüberkleben und mit farbigen Folien bekleben oder mit Glühlampenlack bemalen. Die Kinder brauchen für das Stück nicht trainiert zu werden. Sie entwickeln es selbst aus den Möglichkeiten des Raumes. Daß dabei die Gegenstände mit der Hand gehalten werden, spielt keine Rolle. Man nimmt es nach kurzer Zeit nicht mehr wahr.

HANDTHEATER

Sobald hinter der Leinwand das Licht angeschaltet wird, läuft immer das gleiche Theater ab. Mit viel Gequietsche werfen die Kinder die Hände hoch, spreizen die Finger auseinander und beobachten den Schatten. Sie versuchen gegenseitig ihre Schatten zu verdecken, und auf einmal entstehen erste Handfiguren, der Hund aus der waagerecht gehaltenen Hand (der abgespreizte kleine Finger ist das Maul, der abgebogene Daumen das Ohr) oder ein Hasenkopf aus beiden Händen: Die eine – ausgestreckt – ergibt die Schnauze, die andere – mit ,,Victoryzeichen'' – die Ohren. Es gibt viele solche Figuren. Man kann sie schlecht beschreiben, aber leicht selbst erfinden. Kinder können sie bei Sonnenschein auch an der Hauswand oder auf dem Fußboden spielen.

EINFACHES FIGURENTHEATER

Vom Spiel mit den Gegenständen zu dem mit einfachen Schattenfiguren ist nur ein Schritt. Das Kind zeichnet sein Tier, seine Figur auf ein stärkeres Zeichenpapier (Aktenkarton hat sich sehr bewährt) und schneidet es aus. Nun wird die Figur an einer dünnen Leiste befestigt. Am stabilsten sind die sogenannten Dübelhölzer, Rundholzstäbe aus Buchenholz von ca. 4 mm Durchmesser, die man in Bastlerzentralen, Hobbyshops etc. bekommen kann. Am billigsten sind die Stengel von hohen Herbstastern, die sehr stark einholzen und ausgezeichnet verwendbar sind. Also nächsten Herbst drandenken!

Diese einfachen Schattenfiguren entsprechen etwa den Marotten. Sie leben aus dem Rhythmus oder aus der Gruppierung auf der Leinwand. Manchmal ergibt sich eine besondere Bewegung aus der Art der Befestigung. Wir hatten Schmetterlinge gebaut und sie statt an festen Stäben an dünnen Stahldrähten festgemacht. Sie schwankten bei der geringsten Bewegung. Die Kinder spielten ganz von selbst mit den Figuren in schlingernden Flugbahnen. Die Stahldrähte hatten diese differenzierte Bewegungsform provoziert. Schwierig ist es, den Kindern klarzumachen, daß sich nur die Figur rühren soll, die „dran" ist, weil sonst das ganze Geschehen für den Zuschauer nicht ablesbar ist. Da ist es besser, das Ganze gleich anders aufzubauen:

Schattenspiel ist weitgehend pantomimisches Theater. Wenn Schattenfiguren für Sprechtheater verwendet werden sollen, müssen sie ganz besondere Formen haben wie beim indonesischen und chinesischen Schattenspiel.

Es hat sich bewährt, bei den Kindern mit Conférence zu spielen, d. h., die Erzieherin sagt, was auf der Bühne passiert. Ein hervorragend anschauliches Beispiel bietet das Stück von Prokofjew: Peter und der Wolf. Der Sprecher sagt, was die einzelne Figur macht: „Die Ente läuft aufgeregt auf der Wiese hin und her ..." Das ist zugleich eine ganz deutliche Regieanweisung. Ebenso kann es heißen: „Es ist Nacht! Alle Tiere schlafen. Der Mond geht auf. (Jemand hat die Hand oder ein Tuch vor die Lichtquelle gehalten und leuchtet nun mit einer Taschenlampe auf die Leinwand ...) Der Vogel zwitschert ganz leise. Die Katze wacht auf und blickt aufmerksam zum Vogel." usw.

KOMPLIZIERTERE SCHATTENFIGUREN

Aus den einfachen Figuren sind sehr leicht und schnell kompliziertere zu gestalten, wenn man einzelne Glieder beweglich macht. Als Gelenke verwendet man am einfachsten sogenannte Musterklammern. Billiger, aber auch schwieriger ist es, als Gelenk eine Schnur oben und unten mit einem Knoten zu versehen (den man mit einem Tropfen Klebstoff erhärtet, damit er während des Spiels nicht aufgeht). So kann man Figuren bauen, die man mit bis zu drei Stäben führen kann. Kinder sind dabei sehr geschickt. Ein Stab trägt den Körper des Tieres, ein weiterer den Kopf, der dritte schließlich den Schwanz. Die Füße hängen ganz locker und schaukeln mit. Eine Hand führt den Körper, die andere Kopf und Schwanz zusammen. Für kompliziertere Bewegungen ist es günstig, möglichst viele Gelenke einzuführen – z. B. den Hals des Tieres in viele Einzelglieder zu zerlegen, weil so der Kopf des Tieres bis zum Körper oder sogar dahinter geführt werden kann. Beim „Aufwachen" entwickelt sich die Bewegung ganz langsam.

Wenn für die kleineren Kinder das Anfertigen der einzelnen Teile noch zu kompliziert ist, können sie auch aus Stoffbändern gefertigt werden. In unserem Fall würden nur der Körper des Tieres ausgeschnitten und der Kopf. Der lange Hals würde als Band eingeklebt (alte Krawatte ...). Die Figur läßt sich so auch ganz einfach führen.

Die Kinder bauen Schattenfiguren, bei denen Folien hinterklebt werden.
Unten versuchen sie zu viert eine große Figur zu führen.

In besonderen Fällen können auch große Figuren gebaut werden, die von verschiedenen Kindern zugleich geführt werden. Sie zwingen zur Zusammenarbeit. Das Tier bewegt sich nicht richtig, wenn das Zusammenspiel nicht funktioniert.

Die Figuren können noch wesentlich verschönert werden, wenn man Muster hineinschneidet und mit farbigen Folien hinterklebt. Man muß nur darauf achten, daß sie nicht unstabil werden.

STÜCKE FÜR SCHATTENSPIEL

Wie schon gesagt, lassen sich mit den Schattenfiguren viele Geschichten spielen, die man mit den Kindern besprochen hat. Als Kulissen schneidet man sich die Gegenstände aus oder projiziert mit einem Diaprojektor bemalte Gläser auf die Leinwand (sie wurden im Kapitel 5.4 ,,Experimente" besprochen) und spielt in dieser Farblandschaft.
Viele Bilderbücher sind ausgezeichnete Anregungen für Schattenspiele, z. B. die schon erwähnte ,,Raupe Nimmersatt" oder ,,Frederic", ,,Alexander und die Aufziehmaus" u. v. a. Wir haben in unserem Kindergarten vor kurzem bei einem Elternabend ,,Swimmy" von Lionni als Stück gespielt. So ähnlich könnte das auch in anderen Kindertagesstätten gespielt werden:
Elke Bolster hatte mit den Kindern ausführlich die Abenteuer des kleinen schwarzen Fisches Swimmy besprochen, der mit vielen anderen kleinen roten Fischen im Meer spielte. Da kam der große Fisch und fraß die kleinen Fische auf. Swimmy irrt nun durch das Meer und erlebt viele Abenteuer. Er begegnet dem Aal, der Feuerqualle, dem Hummer usw., bis er schließlich wieder viele kleine Fische trifft, die Angst vor dem gro-ßen Fisch haben. Er formiert sie zu der Form eines großen Fisches. Fortan ziehen sie durch das Meer, ohne Angst haben zu müssen.

Die Kinder bauten die vielen verschiedenen Figuren. Das ging sehr schnell. Dann probierten wir hinter der Bühne das Stück. Das war gar nicht schwierig, weil Elke Bolster die Geschichte in Etappen vorlas. Schwierig war nur die Platzfrage: so viele Kinder hinter der Bühne... Aber auch das war zu lösen. Eigentlich hätten wir noch gerne Musik dazu gemacht. Wir bauten die Orff'schen Instrumente auf und überlegten, wie man das Meer akustisch darstellen könnte, die Feuerqualle, den Fisch mit dem großen Maul usf. Am Elternabend waren die Instrumente wieder aufgebaut. Die Kinder führten vor, wie die Geräusche erzeugt werden könnten, und verteilten die Instrumente an die Eltern. Nach einem Gongschlag begann das Stück: Die Erzieherin las den ersten Abschnitt, die Eltern machten die Geräusche und die Kinder agierten. So wirkten alle bei dem Spiel zusammen, und das Vergnügen war auch dementsprechend groß.

DIE SPRECHPUPPE

Wenn Kinder sprechen, agieren sie meist sehr stark mit den Händen. Pantomimisch unterstreichen sie die Bedeutung ihrer Worte, ergänzen sie oder ersetzen sie sogar. Die Hand deutet, zeigt, verdeutlicht: ein großar-

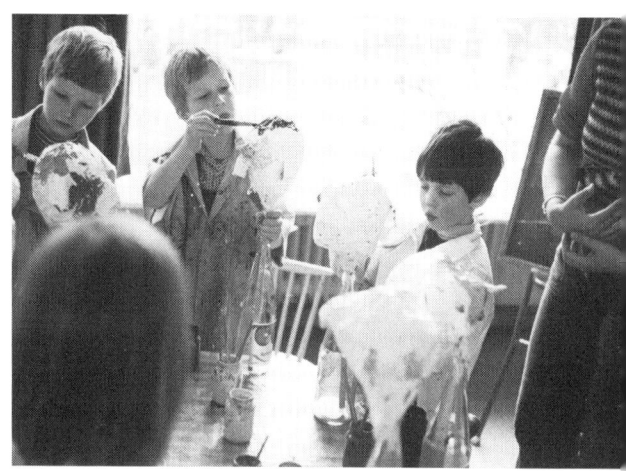

Die Kinder bauen eine ,,Sprechpuppe" aus Zeitungspapier, bemalen und bekleiden sie. Unten wird damit gespielt.

tiger Vorgang. Die Hand denkt anschaulich; man spricht sogar von der „Logik der Hand".

Es ergab sich die Überlegung: Kann man die Ausdrucksstärke der Hand und das Medium Puppe in einer einfachen Form kombinieren? Daraus mußte ein Puppentyp entstehen, der sich besonders gut zur Sprachförderung und zum Rollenspiel eignet.

Folgende Puppen können auch verhältnismäßig kleine Kinder sehr leicht bauen. Die Materialkosten sind sehr gering.

Ein etwa 50 cm langer Stab wird in eine Flasche gesteckt. (Die Flasche dient nur als Halterung.) Auf den Stab wird ein großer Knäuel aus Zeitungspapier, etwa in der Größe eines Kinderkopfes, aufgestülpt, mit Kreppklebebändern zusammengeklebt und am Stab befestigt. Nun wird Zeitungspapier in etwa 5 cm breite Streifen gerissen, mit Tapetenkleister bestrichen und über den Papierknäuel bandagiert, bis in mehreren Schichten eine glatte Kopfhaut entsteht. Der Hals muß unten mit einem Wulst enden, damit hinterher das Kleid nicht abrutscht. Für die Nase, Ohren, Augenwülste werden Papierstreifen zusammengerollt und anbandagiert. Nach kurzer Zeit kann die kleisterfeuchte Oberfläche gut geknetet werden. Als letzte Schicht können weiße Seidenpapierstreifen aufgeklebt werden, oder man streicht den Kopf nach dem Trocknen mit weißer Wandfarbe. Die Augen macht man am besten aus Knöpfen oder Perlen, deren glatte Oberfläche das Licht reflektiert. Dadurch werden sie lebendig.

Trocken kann man die Köpfe bemalen und drapieren. Haare aus Wolle, Bast oder Werg werden aufgeklebt. Als Kopfbedeckung können alte Mützen und Hüte mitverwendet werden. Für die Kleider bitten wir die Eltern immer um alte Hemden, die den Kindern zu klein geworden waren. Mit einer Schnur unter dem Kragen wird das Hemd über dem Wulst des Puppenhalses zusammengebunden. Das Kind hält nun die Figur am Stab mit der einen Hand, mit der anderen fährt es durch den Ärmel seines Hemdes. Es kann nun mit der eigenen Hand gestikulieren und dabei doch das Medium Puppe mit einsetzen.

Die Kinder reagieren auf diese Puppe sehr stark. Wir stoppten das letzte Mal, wie lange die Kinder ohne uns spielen würden, ohne uns etwas zu fragen oder uns miteinzubeziehen. Es war genau 1 Stunde und 14 Minuten, eigentlich eine sehr lange Zeit.

Mit der Puppe lassen sich – das wurde schon gesagt – Rollenspiele sehr gut darstellen: Spiele aus der Familie, Konflikte aus der Gruppe… Streitereien lassen sich rekonstruieren: „Wie hat das angefangen? Soll jeder mal mit seiner Puppe spielen…" Die Puppe kann aber auch mit eingesetzt werden, um etwas zu erklären oder um Dialoge zu entwickeln. Jüngst zeigte sich bei der Arbeit mit deutschen und französischen Erzieherinnen, daß sie auch zu elementarer Sprach- und Sprecherziehung in Fremdsprachen ein gutes Instrument ist.

FILME ALS ANREGUNG

Am Institut für Film und Bild in Wissenschaft und Unterricht in München (FWU) entwickelte der Autor mit seinen Studenten (unter der Regie von Rupert Hefele) eine Reihe von kurzen Filmen (je 4 Minuten), die als Anregung für die Fortbildungsarbeit dienen können. Sie sind jeweils ähnlich aufgebaut. Zunächst werden das Material und seine Verarbeitung gezeigt. Dann kann man verfolgen, wie die Puppen gebaut werden.

Schließlich zeigen ein paar kurze Rollen die Puppen in Aktion. Eine pädagogische Begleitkarte schildert die Einsatzmöglichkeiten. Die Filme können über die Bildstellen ausgeliehen werden.

Bisher gibt es folgende Streifen:

Obst- und Gemüsetheater
Fadenmarionetten
Sprechpuppen 1 und 2
Schrottfiguren 1 und 2
Masken 1 und 2
Schattenfiguren 1 und 2.

DAS SPIEL MIT MASKEN

,,Eine Maske aufsetzen", ,,in eine Maske schlüpfen", ,,durch eine Maske sehen" – all das kennzeichnet schon die Veränderung der Person durch das Aufsetzen einer Maske. Die Maske ist seit Menschengedenken im kultischen Raum beheimatet. In Felszeichnungen findet man schon den Vogelmenschen. Die sogenannten primitiven Völker haben großartige Masken hervorgebracht. In Asien finden sich hochkultivierte Masken im Bereich des Theaters, in Europa haben sich für die Commedia dell'arte Spezialmasken entwickelt. Aber auch im volkskundlichen Bereich sind Masken lebendig geblieben, man denke nur an die vielen Fastnachtsmasken, Larven, Perchten und Schemen.

So unterschiedlich die Herkunft sein mag, in jedem Fall wird der, der die Maske trägt, ein anderer. Er spielt eine Rolle, die nicht er selbst ist.

Auch Kinder schlüpfen gern in andere Rollen. Auch sie spielen gerne mit Masken, und wenn sie noch so einfach sind. Für Tänze und auch für Tierspiele haben sie sich gut bewährt.

Einfache Tütenmasken

Die Kinder setzen große Tüten auf, die man im Geschäft erbettelt hat. Sie können spitz oder breit sein.

Damit sie über die Schultern gestreift werden können, schlitzt man sie seitlich auf. Dann drückt das Kind vorsichtig von außen gegen seine Augen. An den Knitterstellen kann nun eine Öffnung für die Augen ausgeschnitten werden. Diese müssen genau sitzen und groß genug sein, da man sich sonst in den Masken nicht wohl fühlt. Nun kann man die Masken nach Herzenslust bemalen und bekleben, aus Kreppapier Haare aufmontieren, Hüte bauen...

Oft kann man beobachten, daß die anderen Kinder vor ,,angenehmem Entsetzen" zu brüllen anfangen, wenn ein Kind die Maske aufsetzt. Dieses Kind reißt dann sofort die Maske wieder vom Gesicht, weil es selbst ja nicht weiß, warum die anderen so schreien. Da ist es besser, einen großen Spiegel mitzubringen, so daß das Kind sich selbst sehen kann. Es schreit dann mit, läßt die Maske aber auf.

Die Hutmaske

Vor allem die kleineren Kinder spielen zwar gerne mit Masken, wollen aber im Sehen nicht behindert sein. Wenigstens unten wollen sie heraussehen können. Dann fühlen sie sich in ihren Bewegungen wieder sicher.

Hierbei hat sich eine Maske bewährt, die wie ein Chinesenhut gebaut wird. Ein großer Halbkreis wird aus Papier ausgeschnitten. Dann klebt man die beiden Radien (halber Durchmesser auf der geraden Seite) so aneinander, daß ein spitzer Hut entsteht. Den kann man durch „Abnäher" in der unteren Hälfte noch soweit verengen, daß er steil abfällt. Aus dieser Grundform eines Hutes, der um den ganzen Kopf getragen wird, baut man nun die Maske. Auch hier können Augenöffnungen ausgeschnitten, Haare aufgeklebt werden. Das Kind kann dabei aber immer unter der Maske schräg nach unten herausblicken.

Zylindermasken

In diesem Fall ist die Grundform ein großer Papierzylinder, den man über den Kopf stülpt. Er wird so zugeschnitten, daß er auf den Schultern gut aufsitzt. Auch er wird ausgeschnitten und beklebt.

Masken aus Schachteln

Besonders gut zum Maskenbau eignen sich Schachteln (z. B. Schuhkartons) als Grundträger, auf die alles andere aufmontiert wird. Wenn Tiermasken gebaut werden, wird die Schachtel einfach wie ein Hut aufgesetzt, Schmalseite nach vorne, und mit einem Band unter dem Kinn festgebunden. Um den Schachtelrand können Fransen geklebt werden, damit das Gesicht des Spielers nicht so deutlich zu sehen ist. Nun kann die Schachtel entsprechend „garniert" werden. Ohren, Hörner, Zähne, Maul, Zunge werden angeklebt, je nach Motiv. Diese Maske hat den Vorteil, daß man sehr temperamentvoll spielen kann, weil die Sicht kaum be-

hindert ist. Die Maske aus Schachteln kann im Extremfall natürlich so ausgebaut werden, daß das Kind dahinter vollständig verschwindet. „Roboter", „Ritter" u. ä. sind Themen, die sich sehr eindrucksvoll gestalten lassen, wenn ein geeigneter Anlaß vorhanden ist.

Maske überm Luftballon

Federleicht sind Masken, die über einem Ballon (vielleicht sogar über einem Wasserball) geklebt werden. Technisch ist das sehr einfach zu bewerkstelligen. Ähnlich wie bei der Sprechpuppe wird Zeitungspapier in Streifen gerissen, mit Tapetenkleister bestrichen und auf den aufgeblasenen Luftballon aufbandagiert. Nach dem Trocknen kann der Ballon vorsichtig herausgezogen werden. Die Ballonmaske läßt sich sehr gut auch auf dem Kopf tragen. Ein Tuch wird so um den kleinen Spieler drapiert, daß er gerade noch herausschauen kann. Durch die fremdartigen Proportionen wirken die Bewegungen mit dieser Maske sehr merkwürdig und eindrucksvoll.

Nasen, Nasen

Meist brauchen die Masken gar nicht so aufwendig zu sein. Oft genügt schon das einfache Spiel: „Wir bauen uns komische Nasen", um einen großen Spaß auszulösen. Aus Dreiecken, Faltstreifen, aneinandergeklebten Papierstreifen werden Gesichtserker gebildet, mit einer Schnur oder nur mit Kreppklebeband befestigt. Das Gelächter wird man weit hören. Zudem ist das ein lustiges Malthema: „Ich mit einer komischen Nase." Dabei dürfte das Problem der Profildarstellung auftauchen...

„Der arme Poet" von Carl Spitzweg

Wir hatten zusammen in der einen Woche einen großen Druck des „armen Poeten" von Carl Spitzweg betrachtet. Für die Kinder ergab sich eine Fülle von Fragen: „Warum liegt der Mann im Bett?" – „Wer ist das
eigentlich?" – „Warum hat der denn eine Mütze auf?"
– „Und der Regenschirm?" Die Fragen prasselten gerade so auf mich nieder. Ich versuchte die Beantwortung auf die Kinder zurückzugeben, indem ich erzählte, daß das ein armer Mann war, der schon lange nicht
mehr lebt und den wir nicht mehr selbst fragen könnten. Wir müßten uns also selbst überlegen, was die
Dinge auf dem Bild alles bedeuteten. Und schon war
ein Gespräch im Gang, das auch viele soziale Aspekte
hatte: „Warum gibt es Menschen, die arm sind?" Aber
auch die vielen Details fanden das Interesse der Kinder. Allein schon der Kachelofen! Die Vorstellung, daß
man darin selbst Feuer machen muß, war für alle Kinder neu. Da mußte viel erklärt werden, auch das Ofenrohr. (Die Kinder wohnten alle in einer sogenannten
Trabantenstadt – sie kannten auch keine Mansarde.)
Ein besonderes Rätsel bildete der Stiefelknecht. Niemand kam darauf, was das sein könnte. Zum Glück
hatte die Erzieherin lange und sehr enge Stiefel an. Wir
versuchten einen auszuziehen. Mit viel Mühe und Gelächter gelang das, wobei die Kinder selbst feststellen
konnten, daß es am leichtesten ging, wenn man am
Absatz zog. Der Stiefelknecht war dann schnell wieder
neu erfunden. Daß die Unterhaltung über den armen
Poeten für die Kinder an- und aufregend war, bestätig-
ten die Eltern. Sie wurden beim Abendessen in allen
Details informiert…

Nach acht Tagen zeichneten die Kinder aus der Erinnerung, was ihnen noch einfiel. Die einen zeichneten
ein Haus als Röntgenbild, in das der Raum des armen
Poeten eingezeichnet war. Andere zeichneten direkt
das Zimmer mit allen Einzelheiten, wobei innerhalb
dieser Woche lustige Veränderungen vorgenommen
worden waren. Bei einem Kind wurde aufgeräumt. Die
herumliegenden Bücher – sie wären vermutlich zu
Hause nicht gestattet worden – waren sorgfältig in einem Nachtkästchen untergebracht… Für mich am
faszinierendsten war die Zeichnung eines vierjährigen
Buben, der den armen Poeten auf einem großen Blatt
in seine Bildsprache übersetzte: Zunächst kennzeich-
nete er durch ein Strichgefüge die Wand rechts und die
Decke; die Mansarde hatte das Kind nicht verstanden.
Deshalb taucht sie auch hier nicht wieder auf. Links
hängt an einer – ebenfalls mit einem Strichgefüge ge-
kennzeichneten Wand – der Mantel, mit Ärmeln und
gewissenhaft gezeichneten Knöpfen und Knopflö-
chern. Daneben steht der Ofen wie ein Gebäude mit
einer richtigen Ofen-Türe. Das Ofenrohr führt mit einem „Hakenschlag" nach oben und raucht auch.
Vorne hängt der Hut. Das Fenster findet sich wieder,
ebenso die Flasche mit der Kerze. Auf der Ofenplatte
hatte sie allerdings keinen Platz mehr, deshalb führte
der Bub eine eigene Standlinie ein. Vor dem Ofen liegen die Stiefel und der Stiefelknecht. Der arme Poet
liegt in einem hochgeklappten Bett, vor ihm seine großen Bücher aufgereiht. Über ihm hängt der Regenschirm. Die vielen Punkte zeigen, daß es wirklich
regnet.
Die Zeichnung macht deutlich, wie sehr die Geschichte
des armen Poeten Eindruck machte. Sie zeigt aber

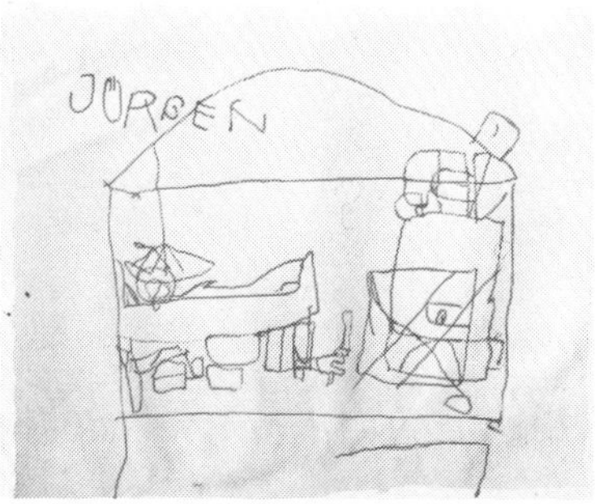

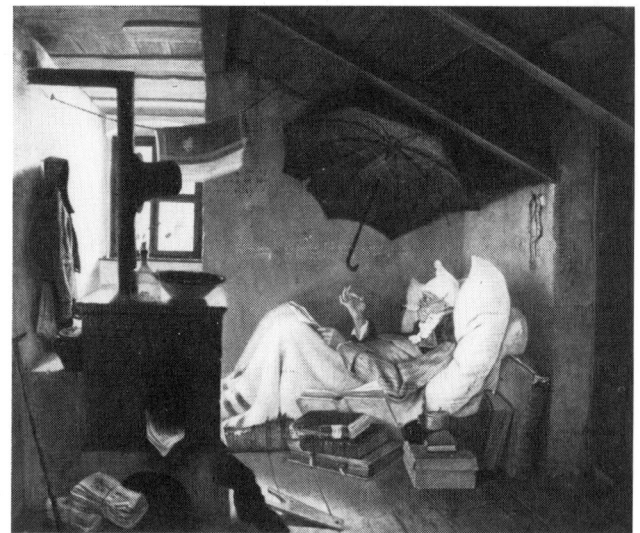

"Der arme Poet" von Carl Spitzweg. Die Kinder stellten sich die Situation sehr genau vor.

auch, über welche Konzentration und welches Bildgedächtnis bereits ein Vierjähriger verfügt. Ich bin sicher, daß wir unsere Kinder in dieser Richtung bei weitem unterschätzen.

„Der arme Poet", gezeichnet von einem Vierjährigen

METHODISCHE ÜBERLEGUNGEN

Bei unserem ersten Beispiel stand am Beginn der ganzen Aktion ein Gespräch, das auf vielen Fragen aufbaute und langsam den Inhalt entschlüsselte. Die Unterhaltung klärte also das Thema, blieb aber nicht bei den nennbaren Inhalten stehen, sondern hinterfragte auch. Warum ist das so? Was ist der Grund dafür, daß jemand arm ist? Könnte man da auch helfen? Zur Entschlüsselung des Themas werden im Gespräch die Erfahrungen und Erinnerungen der Kinder aktiviert. Die Kinder werden angeregt, zu überlegen und zu kombinieren. Der Inhalt wird erlebt.

So ähnlich können viele Bildbetrachtungen ablaufen. Dabei geht es nicht nur um Kunstwerke. Fotos, Abbildungen in Katalogen, Häusern, Räumen können erfahren und anschaulich gemacht werden.

Der Ablauf sieht in diesem Falle so aus: Am Beginn steht das Betrachten des Bildes oder Objektes. Es folgt ein Gespräch, bei dem der Erzieher nicht als interpretierender Dozent auftritt, sondern durch Fragen Denkvorgänge auslöst und führt. Wenn die Kinder nicht weiterkommen, hilft er wieder mit. Er ist selbst auch Betrachter mit den Kindern zusammen. Dieses Gespräch führt vielleicht direkt zur bildnerischen Auseinandersetzung, die das Gespräch und den Inhalt noch einmal verdeutlicht. Dabei stört es nicht, wenn das Bild weiterhin sichtbar ist. Ich halte es für eine Ideologie, daß das Kind grundsätzlich aus dem Gedächtnis arbeiten muß. Nachdem das Kind alles, was es zeichnen will, erst einmal übersetzt, verarbeitet, also nicht direkt visuell kopiert, macht es m. E. gar nichts, wenn das Kind das Bild dazwischen auch wieder betrachtet. Die Praxis zeigt, daß das sowieso nur manche Kinder machen. Die anderen werfen keinen Blick mehr darauf.

Das Gespräch kann aber auch zu ausführlichen Experimenten führen. Später wird dafür ein Beispiel gebracht. Das Zeichnen und Malen führt diese neuen Erfahrungen noch einmal zu einer Klärung. Ebenso können Rollenspiele und Spielüberlegungen eingeleitet werden.

Das Ziel ist in keinem Fall die perfekt kopierende Malerei des Kindes, sondern ein Bild als Dokumentation der Überlegungen genau dieses Kindes zum Thema.

Manchmal bietet es sich an, bereits vor dem Betrachten des Bildes oder Objektes die Erfahrungen der Kinder durch Gespräche oder eigenes Zeichnen und Malen zu aktivieren. Eine Unterhaltung über Waschen, Badezimmereinrichtung und alle zusammenhängenden Details, Besichtigung und Zeichnung könnten beispielsweise zu einer Bildbetrachtung eines Badezimmers von Tom Wesselmann führen.

Viele Themen entstehen aus dem Alltag. Es werden aktuelle Anlässe aufgegriffen, besprochen, in irgendeiner angemessenen Weise in Bildsprache übersetzt. Den Abschluß bildet ein entsprechendes Objekt, ein Bild, ein Dia, das auf seine Weise zusammenfaßt.

Voraussetzung ist allerdings eine umfangreiche Sammlung von Abbildungen. Die sollte man sich systematisch anlegen. Kalenderbilder, Abbildungen aus Illustrierten, Fotos, Postkarten usw. kann man in Mappen grob vorsortieren, geordnet nach Themengruppen, so daß man kurzfristig reagieren kann. Im Laufe der Zeit müßten überall entsprechende Medien in Form von kleinen Filmen und Diasammlungen zur Verfügung stehen – natürlich mit den dazugehörigen Geräten. Leider lassen sich die meisten Kindergärten nicht verdunkeln. Bei Diaprojektoren muß deshalb auf eine hohe Lichtstärke geachtet werden.

Ich arbeite oft mit dem Projektor. Da der eine Raum ebenfalls nicht zu verdunkeln ist, gehe ich so nahe an die Wand heran, daß das Bild zwar klein, aber klar ist. Die Kinder sitzen auf Stühlen oder auf dem Boden um das Bild herum, so daß alle gut hinsehen können. So kann das Gespräch beginnen. Die natürliche Neugierde der Kinder hilft einem bei der Arbeit mit den Bildern. Sie möchten alles genau sehen und wissen. Oft genügt ein kleiner Tip, und eine große Unterhaltung ist im Gang.

Bei einfachen Bildern läßt sich die Neugierde der Kinder durch ein Bilddiktat noch steigern. Man erzählt – möglichst genau – den Inhalt des Bildes; die Kinder zeichnen danach und möchten dann natürlich wissen, wie das wirklich aussieht. Es hat sich bewährt, Drucke anschließend noch die Woche über an der Wand aufzuhängen. Die Kinder betrachten sie immer wieder und vertiefen damit ihr Seherlebnis. In manchen Kindergärten haben die Kinder sogenannte „Kunsthefte". Jedes Kind zeichnet, klebt und malt in ihm. Vor allem können Postkarten, Abbildungen aus Zeitungen und Illustrierten eingeklebt werden.

MUSEUMSBESUCH

Museen sind für Kinder ein tiefes Erlebnis. In großen Städten sind museumspädagogische Zentren entstanden. Die meisten kümmern sich leider nicht um Kinder im Vorschulalter. Wenn bei einem Museumsbesuch aber nicht einfache Spielregeln eingehalten werden, kann es viel Ärger mit dem aufsichtsführenden Personal geben, und die Kinder werden durch die Überforderung auf lange Zeit die Lust am Museumsbesuch verlieren.

Meist ist die Kindergruppe zu groß. Die Erzieherin ist deshalb auf die Mitarbeit der Mütter angewiesen. Mit denen ist vorher aber abzusprechen, was mit dem Besuch erzielt werden soll.

Das Museum selbst ist schon ein Thema. Für die meisten Kinder ist ja alles neu. Schon das Gebäude, die Vorhalle, der Kartenverkauf, das Aufsichtspersonal, die Klima- und Alarmanlagen und natürlich der Inhalt machen neugierig. Die Kinder sollen die Möglichkeit bekommen zu kleinen Interviews und Fragestellungen. Ich konnte oft feststellen, daß Aufsichtsführende in einer geradezu beeindruckenden Weise schilderten, was ihre Aufgabe ist, warum man nicht an die Bilder greifen kann usw.

Eine Grundregel ist in jedem Fall: nur ein paar wenige Objekte ansehen. Die sollten aber nach Möglichkeit vorbereitet sein, d. h. die Kinder sollten auf die Thematik eingestimmt sein. Es wäre schön, wenn sich die Kinder „Notizen" machen könnten. Kleine Zeichenblöcke und Filzstifte ermöglichen einfache Zeichnungen, die das Beobachtete noch einmal verdeutlichen. Ich könnte mir gut vorstellen, daß viele Eltern und Erzieherinnen hier sagen: „Das wäre ja alles ganz schön, aber bei uns ist weit und breit kein Museum." Bei den meisten wird das so sein. Das ist kein Grund, mutlos zu werden. Die Museen der Großstädte haben durch ihre Größe und durch die langen Anfahrtswege eigene Probleme.

In kleineren Städten finden sich oft Heimatmuseen, die für ästhetische Elementarerziehung meist gar nicht auszuschöpfen sind. Dort kann man erleben, wie die Menschen früher gelebt haben, wie sie sich kleideten, wie sie wohnten, wie sie arbeiteten: eine Fülle von Anregungen für Gespräche und Kombinationen. Vielleicht darf man manche Objekte anfassen, befühlen, vielleicht sogar anziehen.

Überall kann man eine Kirche, ein wichtiges Gebäude, einen Brunnen, ein Tor u. a. besichtigen.

Das Prinzip des Vorgehens bleibt gleich, ob ich ein Museum oder Rathaus, Feuerwehr, Müllabfuhr o. ä. besuche.

Diese Ausflüge sind aber außerordentlich wichtig, da sie eine intensive Begegnung des Kindes mit seiner Umgebung möglich machen. Oft sind für Erwachsene die Erlebnisse auch später noch in bleibender Erinnerung.

An einer Reihe von Beispielen sollen nun konkrete Erfahrungen auf dem Gebiet der Bildbetrachtung berichtet werden, die jeweils einen anderen Schwerpunkt hatten. Sie wurden alle im städtischen Kindergarten an der Kemptener Straße in München gesammelt.

„Gondola, Gondola"

Ein befreundetes Ehepaar brachte uns aus Venedig einmal ein wunderschönes Geschenk mit. Es ist ein merkwürdig geformtes Holz von ziemlichen Gewicht. Es ist seitdem in unserer Familie ein plastisches Rätsel. Unsere Besucher fragen immer wieder: „Was ist denn das?" Daraufhin wird losgeraten: eine Balustrade, ein Tischfuß, ein Stück aus einem großen Instrument usw. Nur selten errät jemand den wahren Zweck dieser sehr modern wirkenden Plastik. Es ist ein funktional durchgestalteter Gebrauchsgegenstand, der in dieser Form seit einigen Jahrhunderten unverändert gebaut und benützt wird: der Ruderblock einer venezianischen Gondel, das Gestell also, an dem der Gondoliere sein langes Ruderblatt anlegt.

Diese Plastik brachte ich mit in den Kindergarten. Die Kinder rieten hin und her. Es machte Spaß, ihre Assoziationen zu verfolgen. Als erste Hilfe verriet ich ihnen, daß das Stück aus Italien stamme. Manche Kinder waren schon einmal dort und berichteten. Ein Kind kam aus Italien. Es mußte viel erzählen, wie es da aussieht, wo es herkommt, was man ißt. Dann wurden Worte geübt: buon giorno, grazie, per favore usw. Wir sprachen über Schwierigkeiten von Italienern in Deutschland. Schließlich brachte ich einen Bildband von Venedig herbei. Bildbände aus anderen Städten und Län-

dern sollten zur Grundausstattung gehören. Es gibt da so vieles anzusehen und zu fragen.

Ein Band von Venedig wirft natürlich bündelweise Fragen auf. Die Wasserstraßen, die Brücken, Kirchen, Paläste, Tiere usw. Die Kinder saßen und lagen auf dem Fußboden um das Buch herum, mit roten Wangen, und fragten und fragten. Schließlich kam ein Bild mit vielen Gondeln. Wir sprachen über diese merkwürdigen Boote, die wohl einzigen gotischen Schiffe, die heute noch unverändert benutzt werden.

Ich sagte: „Auf diesem Bild ist auch der Rategegenstand abgebildet, den ich heute mitgebracht habe." Eifriges Suchen. Plötzlich wird er entdeckt und auch verstanden.

Als Abschluß malten die Kinder eine Gondel und sich als Passagier oder Gondoliere.

Mit einem besonders fantasievollen Kind wollen wir uns noch beschäftigen. Es zeichnete zwar auch eine Gondel, baute sie aber kolossal aus: Jürgen steht als Gondoliere mit Strohhut und Band an der Spitze seiner schwarzen, sehr modernen Gondel. Von dort aus kann er den Motor anwerfen (zwei Pfeile). Durch einen Draht, der oben über das Boot läuft, kann der Motor angelassen (er raucht sofort) und gelenkt werden. Das Boot startet dann mit einer derartigen Geschwindigkeit, daß es vom Wasser abhebt (Pfeile unter dem Boot). Ein Luftkissenboot also! – Jürgen liebt Hunde und Affen. Er mag sie auch in der Gondel nicht missen. Sein Hund fährt im Boot mit. Hunde leiden sehr unter der Hitze. („Sie können nur mit der Zunge schwitzen!") Deshalb baute ihm Jürgen eine Markise. Hunde und Affen vertragen sich nicht gut. Deshalb reist der Affe in einem Käfig über dem Boot, der über eine Leiter leicht erreichbar ist.

Die oben beschriebene „Gondel" ist auf Seite 121 farbig abgebildet.

*„Venezianische Gondeln". Die Bilder waren der Abschluß einer langen
Unterhaltung über Venedig und Italien.*

Die Kinder waren begeistert von den wunderschönen jugoslawischen Trachten.

„Die haben ja echte Goldtaler auf der Brust" – Jugoslawische Trachten

In der Gruppe war ein kleiner Jugoslawe, Marko, damals ein stiller und sehr zurückhaltender Bub. Lange Zeit hatte er kein Wort gesprochen. Marko brauchte

Die Kinder malen „Kaleidoskopbilder". Sie wurden später zu einem großen Bild zusammengeklebt. Vgl. Text S. 78 und Abb. S. 79.

Obst- und Gemüsetheater. Vgl. S. 92 f.

„eine kleine Bühne": Er mußte etwas zeigen können, was andere nicht konnten.

Ich brachte Kalenderbilder von jugoslawischen Trachten mit. Meine eigene slowenische Jacke, eine Tracht und schön gemusterte Strümpfe aus Malimbor ergänzten die Kleidungsstücke konkret. Die Kinder kamen aus dem Staunen nicht heraus, welch schöne Dinge man tragen konnte. Marko muße von der Heimat erzählen, ob er auch so was hatte, wie er wohnte usw. Er war im Mittelpunkt. Als er schließlich die Sprache konnte, die so schwer war, daß einzelne Worte nur mit viel Mühe nachzusprechen waren, waren die Kinder vollends stolz darauf, einen in der Gruppe zu haben, der so schöne Sachen schon selbst gesehen hatte. Es war eine aufregende Unterhaltung. Das Ergebnis zeigte, daß sich das Sozialgefüge in der Gruppe etwas verschoben hatte. Marko spielte eine andere Rolle als bisher. Die Kinder malten sich anschließend mit einer Tracht. Cornelia war besonders stolz, als sie erfuhr, daß ihre Opanken auch aus Jugoslawien waren. Sie blickte immer wieder verstohlen unter den Tisch.

Die Ergebnisse waren einfache Schilderungen der Kinder, sichtlich bemüht, schöne Ornamente zu zeichnen unter dem Eindruck der Trachten.

„Da muß was passiert sein!" – „Die Kieker" von Mac Zimmermann

Wenn ich mit Kindern im Vorschulalter im Museum war, wurde ich oft von Besuchern und auch Kollegen (!) angesprochen. Man könne doch nicht mit so kleinen Kindern... Schließlich ginge es um Kunst. Man habe da doch auch eine gewisse Verpflichtung. Und überhaupt sei da eine entsprechende Voraussetzung die menschliche Reife ... usf.

Solche Ansichten kann man leider auch von Kunsthistorikern und Museumsleuten hören.

Ich bin sicher, daß da ein großes Mißverständnis besteht. Wenn Kinder ein Museum besuchen oder sich mit Kunstwerken beschäftigen, geht es, weiß Gott, nicht um Daten und Zahlen, auch nicht um bestimmte Namen. Die Kinder sollen Bilder lesen lernen. Kunst soll aus der elitären Altarstellung herausgeholt und zu etwas Selbstverständlichem werden. Man muß es lernen, verdichtete Bildaussagen zu hinterfragen und mit seinen eigenen Erfahrungen zu konfrontieren.

Beim folgenden Versuch verwandte ich das Plakat eines sehr bekannten, lebenden surrealistischen Malers – Mac Zimmermann. Die Grafik ist in Grüngrau gehalten. Zwei Männer mit spindelförmigen Gliedmaßen und wallenden Mänteln blicken durch Ferngläser. Sie stehen vor einem nahezu weißen Berg, hinter dem zwei Leitern hervorblicken. Der Berg wirft einen Schatten, obwohl er selbst im Licht erstrahlt. Zudem steht er auf einer weitläufigen Ebene. Telegrafenmastähnliche Gebilde, die schnell an Größe abnehmen, zeigen die große Raumtiefe. Durch die merkwürdigen Menschen und die „Zwielichtigkeit" strahlt das Blatt eine intensive Doppelbödigkeit aus. Sie wurde von manchen Kindern erkannt. Andere sahen darin Erfahrungen ihrer eigenen Bergsteigerei bestätigt. Sie berichteten, wie von einem Berggipfel aus die Häuser ganz klein sind „und die Autos – wie Matchboxautos". Nur wenn man ein Fernglas hat, kann man alles wieder normal erkennen... Dann folgten von allen Kindern Schilderungen von eigenen Klettereien. Und wie gefährlich das sei! Oft passiere dabei auch etwas.

Das war das Stichwort für die andere Gruppe. Es sei offensichtlich etwas passiert. Vielleicht sei jemand abgestürzt. Die beiden Männer blicken nach Hilfe aus... In den Malereien schlägt sich das nieder. Für die einen wird das Bild zu einem schönen Sonntagsausflug, für die anderen spiegelt sich etwas Unheimliches. Über dem Berg scheint die Sonne, der Himmel aber ist schwarz, oder ein Gewirr von Strichen zeigt die Dramatik des Vorgangs an.

Kinderzeichnungen nach einem Gespräch über ein Plakat von Mac Zimmermann

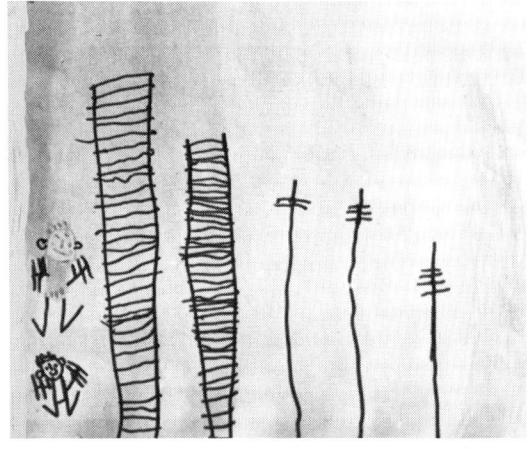

Ich zeigte die Arbeiten Mac Zimmermann. Er ist Kollege an der Münchner Kunstakademie. Ich wollte von ihm erfahren, ob er verletzt sei, wenn Kinder auf seine Arbeit so reagieren. Er war es nicht nur nicht: Er zeigte sich begeistert und betrachtete die Kindermalereien sehr ausführlich und intensiv.

Dann sagte er etwas sehr Wesentliches, was Erziehern in dieser Altersstufe viel Mut machen kann: „Jeder Mensch, der meine Arbeit ansieht, bringt als Betrachter nur sich mit, seine Welt, seine Erfahrung. Das ist in jedem Alter so. Mit dem Begriff Reife kommt man da nicht weit. Mit zunehmendem Alter kommen nur immer neue Aspekte hinzu. Aber man muß einmal beginnen, das Sehen zu lernen. Wie ein Kind seine Umgebung zu sehen lernt, so muß es auch lernen, Kunst zu sehen. Da kann man gar nicht früh genug beginnen!"

„Das ist ja alles aus Gold" – Der Schatz des Echnaton

Wir sind mit einer Ägypterin befreundet, die als Lehrerin tätig ist und großartig Deutsch spricht. Ich konnte sie gewinnen, einmal mit in den Kindergarten zu kommen. Die Kinder staunten über den Gast nicht schlecht. Schon der schöne Name tat es ihnen an: Marise Rosa-abd-el-Malek. Sie hatte eigens ein langes koptisches Kleid angelegt und sehr viel ägyptischen Schmuck. Natürlich wollten die Kinder wissen, wer sie war und wo sie herkam. In einem Bildband über Ägypten zeigte sie Bilder von der Landschaft, vom Nil, zeigte die Stauwerke, Bilder aus Kairo, von Menschen und natürlich auch von den Kunstschätzen. Die Pyramiden erregten die besondere Neugier der Kinder. „Warum wurden sie gebaut?"

Das war die Überleitung zum konkreten Thema. In München lief gerade eine sehr viel beachtete und besuchte Ausstellung über Nofretete und Echnaton. Wir blätterten im Katalog und sprachen über die Grabschätze, über den Schmuck (die Kinder durften den alten Schmuck von Marise anlegen), die Sarkophage usw. Großes Staunen. Zum Abschluß zeichneten sich die Kinder auf schwarzes Papier und beklebten sich mit Gold- und Silberpapier, um sich „wertvoll" zu machen. Die Bilder hingen lange Zeit an der Wand. Immer, wenn die Sonne draufschien, begannen sie zu glitzern und zu gleißen. Die Kinder standen oft davor und blinzelten in den Glanz. Der Vormittag hatte noch eine Nebenwirkung: Die Eltern waren sehr neugierig geworden. Die Kinder erzählten von Ägypten und der Ägypterin und von der schönen Ausstellung in München. Einige Familien waren am nächsten Wochenende dort. Die Faszination der Kinder bewirkte, daß eine Reihe anderer Familien am Wochenende darauf auch hin „mußten".

„Ich glaube, das ist ein Reiter auf einem Pferd" „Improvisation Nr. 3" von Wassily Kandinsky

Wir projizierten das Bild Kandinskys an die Wand. Es stammt aus der Zeit zwischen seinen stark expressiven und den völlig gegenstandslosen Werken und regt deshalb an, das noch verschlüsselt Dargestellte zu entziffern. Wir rieten also, was das alles sein konnte. Die Meinungen gingen zum Teil weit auseinander. „Ein Reiter sitzt auf einem Pferd!" – „Nein, auf einem Elefanten." – „Und links stehen zwei Leute auf einem roten Teppich." – „Rechts steht auch einer." – „Und darüber sind farbige Luftballons." – „Nein, das sind farbige Steine." – „Hinten sieht man in ein Tal." – „Wieso Tal?" – „Man sieht doch den Masten von einer Drahtseilbahn." – „Und im Tal steht eine Brücke mit Säulen." – „Nein, das ist doch ein Palast." – „Nein, ein Tempel." usw. Voller Engagement waren die Kinder dabei. In den abschließenden Malereien spiegeln sich die verschiedenen Assoziationen wider. Während das

Kinderbilder nach einer Bildbetrachtung der „Impression Nr. 3" von Wassily Kandinsky

eine Kind mehr additiv aufzählt, gestalten andere hochexpressive Bilder, denen man den konzentrierten Einsatz ansieht.

Diese Improvisation hängt in der Lenbachgalerie in München. Durch die Bildbetrachtung waren die Kinder auf einen Museumsbesuch vorbereitet. Als wir dort waren, stürzten sich die Kinder sofort zur „Improvisation Nr. 3" und erzählten den Eltern und Kunststudenten, die dabei waren, ausführlich, was alles „drauf" ist.

„Welche Farben hat eigentlich ein Regenbogen?"
„Der Regenbogen" von Caspar David Friedrich
Farbabbildung Seite 120

Das Bild gefiel den Kindern sehr gut: Die dunklen Hügel, die beleuchteten herbstlichen Buchen und der Wanderer, der den Sonnenstrahl zu einer Rast am Felsen ausnützte; aber auch der düstere Himmel, in den – fast wie mit einem Messer – ein nahezu weißer Regenbogen geschnitten ist. – Nur der Regenbogen! „Es gibt doch gar keinen weißen Regenbogen; der ist doch bunt!" – „Der hat viele Farben." – „Welche Farben hat er denn?" Nun gab es lange Überlegungen über die Farben des Regenbogens, die in einen elementaren physikalischen Experimentiervormittag überführten. Mit Prismen zerlegten wir den Sonnenstrahl in das Spektrum und zählten genau die Farben auf. Besonderen Beifall fand ein geschliffener Ikosaeder (regelmäßiger Zwanzigflächner) aus Glas. Wenn man den vor das Auge hielt, konnte man x-mal reflektiert die Zimmereinrichtung sehen, aber in Regenbogenfarben. Die Kinder quietschten vor Vergnügen. Abschließend malten sie einen Regenbogen. Es wurden einfache, aber konzentrierte Arbeiten. Die Kinder hatten aber offensichtlich einen solchen Spaß daran, daß eine Woche lang eine Regenbogenepidemie ausbrach.

„Das ist mein Papa, und das ist ein Bierfaß" –
„Picknick im Freien" von Pablo Picasso
Farbabbildung Seite 121

Lange hatten wir das Bild der Familie Soler betrachtet („Le déjeuner sur l'herbe"), das Picasso 1903 in Barcelona gemalt hatte. Die ganze Familie sitzt um eine Decke, auf der Früchte, eine Flasche Wein, eine Schüssel und ein Hase liegen. Ein langes Gespräch schloß sich an mit Erzählungen eigener Picknick-Erfahrungen. Alle Kinder hatten das schon erlebt, so verlief die Unterhaltung sehr lebendig. Anschließend malten die Kinder ihr Picknick im Freien. Zu dem Zeitpunkt hatten wir eine Praktikantin. Wir schickten sie unter einem Vorwand weg. Als sie wiederkam, war sie traurig, weil sie die Geschichten nicht kannte. Die Kinder wollten sie ihr erzählen, aber das ging so durcheinander, daß sie kein Wort verstehen konnte. So verstanden die Kinder, daß sie immer mit einem Kind in den Nebenraum ging, sein Bild ansah und die Geschichte anhörte. Wir wollten die Erzählungen beim nächsten Elternabend mit einsetzen, deshalb zeichneten wir sie mit einem Kassettenrekorder auf. Sie waren sehr lustig. Die Erzählung von Florian (6) sei deshalb im Wortlaut wiedergegeben (F. = Florian, P. = Praktikantin):

F.: „Das ist mein Zelt und das ein Hund, das auch ein Hund. Das ist ein Feuer, und das ist ein Knochen und das ist ein Knochen. Das ist mein Papa, und das ist ein Bierfaß. Und da ist grad der Harald, der hat eine Fackel in der Hand. Und da ist der Norbert, der guckt gerade mit dem Kopf aus dem Fenster – ich mein' aus dem Zelt. Und das da ist der Onkel Peter, und das ist der Judo, und das ist – wer denn gleich wieder? – Wie heißt der denn? Weißt', wie der heißt? Das ist ein Mädchen. Die heißt Nicola. Das ist eine Birne, und das ist auch eine Birne. Das is'n Wein, und das ist eine Teekannenflasche. Und das ist ein Apfel und das ist ein Apfel. Das ist ein Apfel, das, das, das, das. Und eine Gabel, und das ist 'ne Gabel. Und da ist eine Flasche, und das sind Weintrauben und – mmmhm – und ein Boot (ganz oben links). Das ist an der Isar!" – P.: „Macht ihr ein Isarfest?" – F.: „Ein Feuer, ein Picknick – am Tag und in der Nacht. Wir zelten da dort." – P.: „Paßt ihr alle in das Zelt rein?" – F.: „Ja, wir sind eine ganze Schar!" – P.: „Und wo sind eure Mütter?" – F.: „Die sind noch im Zelt. Sie schlafen noch!" – P.: „Und ihr steht gerade auf und schaut aus dem Zelt." – F.: „Und Harald war grad' draußen und hat sich einen Stock abgebrochen und dann eine Fackel gemacht. Wir haben nämlich gezündelt." – P.: „Und was ist das Gelbe da?" – F.: „Das? Das ist Sand. Und das andere Gelbe und das Rote ist das Zelt. Und das hier, das Blaue, ist die Isar." – P.: „Wo ist denn das an der Isar?" – F.: „Beim Flaucher."

Für den Elternabend hatten wir noch mehrere Gespräche aufgenommen. Ich hatte Porträtaufnahmen von den Kindern gemacht, die Kinder wiederum malten Selbstbildnisse. Am Abend arbeiteten wir mit zwei Projektoren und zwei Leinwänden. Auf der einen Leinwand „erschien" in Großaufnahme der Kopf des Kindes (Porträtaufnahme), auf der anderen sein Selbstbildnis. Dazu konnte ich einiges erklären. Dann folgte das Picknick – erklärt von den Kindern über das Tonband. Die Eltern hatten großen Spaß. Etwas furchtsam hörten sie, was der eigene hoffnungsvolle Sprößling sagte; erleichtert und neugierig wollte man wissen, wie das bei Hubers war. Es gab viel Gelächter und anschließend, bei einem Umtrunk, „Richtigstellungen". Unkosten entstanden im Grunde keine, weil alle Eltern die Fotos ihrer Kinder kaufen wollten.

„Der Regenbogen" von Caspar David Friedrich. Die Malereien der Kinder waren schließlich das Ergebnis verschiedener elementarer physikalischer Versuche. Text Seite 118.

„Die venezianische Gondel". Das Kind hat sich eine komplizierte Geschichte dazu ausgedacht. Vgl. S. 110 f.

Das Picknick im Freien, wie es der Florian erlebte und erträumte. Text S. 118 f.

6. Literaturvorschläge

Wer sich über einzelne Gebiete genauer informieren möchte, findet hier entsprechende Angaben

Aggressionen im Spiel – mit Anleitungen zu Gruppen- und Gesellschaftsspielen. Von R. Denker und S.-P. Ballstaed. 1976.

Andersen, B. E.: Das Puppenspielbuch. Bühne, Ton, Beleuchtung, Spiel und viele neue Puppen. 1975.

Arbeitsgruppe Vorschulerziehung:

Anregungen 1: Zur pädagogischen Arbeit im Kindergarten. 1974.

Anregung 2: Zur Ausstattung des Kindergartens. 1974.

Anregung 3: Didaktische Einheiten im Kindergarten. Beispiele für die Arbeit mit didaktischem Material. 1976.

Arnheim, R.: Anschauliches Denken. 1974.

Avé-Lallemant, U.: Kinder zeichnen ihre Eltern. Erlebnis und Ausdruck in Tierbildern. 1976.

Bareis, A.: Vom Kritzeln zum Zeichnen und Malen. Bildnerisches Gestalten im Vorschulalter. Mit einem Arbeitsbericht aus dem Kindergarten. 1972.

Beer, U/Erl, W.: Entfaltung der Kreativität. 1974.

Beisl, H.: Semiotik und Kinderzeichnung, in: Brög, H. (Hg.), Probleme der Semiotik unter schulischem Aspekt. 1977.

Beisl, H./Schuster, M.: Kunstpsychologie. 1978.

Beyer, G./Knötzinger, M.: Wahrnehmen und Gestalten. Eine Anleitung zur Kunst- und Werkerziehung für Eltern, Lehrer und Erzieher. 1976.

Böhmer, G.: Puppen-Theater. Figuren und Dokumente aus der Puppentheatersammlung der Stadt München. 1976.

Brem-Gräser, L.: Familie in Tieren. 1970.

Coburn-Staege, U.: Lernen durch Rollenspiel. Theorie und Praxis für die Schule. 1977.

Cratty, B. J.: Aktive Spiele und soziales Lernen. Aus dem Amerikanischen hg. und bearb. von E. H. Ott. 1977.

Daucher, H./Seitz, R.: Didaktik der Bildenden Kunst. 12. Auflage 1982 (vergriffen).

Dessai/Als-Rosendahl: Wohnen und Spielen mit Kindern. Alternativen zur familienfeindlichen Architektur. 1976.

Dillenburger, H.: Mehr Raum für wilde Spiele. Vorbereitung und Durchführung eines Aktivspielplatzes. 1975.

Dolezal, U.: Erzieherverhalten in Kinderläden. Erprobung eines empirischen Ansatzes zur Erfassung des Verhaltens von nicht-autoritär orientierten Kindergärtnerinnen und Eltern. 1976.

Ebert, W.: Zum bildnerischen Verhalten des Kindes im Vor- und Grundschulalter. Ein Beitrag zur Grundschuldidaktik des Kunstunterrichts. 1967.

Eichmeier, J./Höfer, O.: Endogene Bildmuster. 1974.

Flitner, A.: Spielen - lernen. Praxis und Deutung des Kinderspiels. 1974.

Franzke, E.: Der Mensch und sein Gestaltungserleben. Psychotherapeutische Nutzung kreativer Arbeitsweisen. 1977.

Freudenreich, D./Grässer, H./Köberling, J.: Rollenspiel. Rollenspiellernen für Kinder und Erzieher. Praxis-Handbuch. 1976.

Fritzsch, E./Bachmann, M.: Deutsches Spielzeug. 2. überarb. Auflage 1977.

Frommberger, H./Freyhoff, U./Spies, W.: Lernendes Spielen – Spielendes Lernen. Ergebnisse des Kongresses "Lernendes Spielen – Spielendes Lernen" der PH Ruhr, Dortmund. 1975.

Frommlet, W./Mayrhofer, H./Zacharias, W.: Eltern spielen – Kinder lernen. Handbuch für Spielaktionen. 1975.

Gebauer, K.: Spielobjekte. Praxis-Handbuch. Für Kinder im Kindergarten und in Schuleingangsklassen. Für begleitende Elternarbeit. 1976.

Goffmann, E.: Interaktion: Spaß am Spiel/Rollendistanz. 1973.

Grözinger, W.: Kinder kritzeln, zeichnen, malen. Die Frühformen kinlichen Gestaltens. 1970.

Haselbach, B.: Improvisation, Tanz, Bewegung. 1976.

Heidemann, I.: Der Begriff des Spieles und das ästhetische Weltbild in der Philosophie der Gegenwart. 1968.

Hinkel, H.: Wie betrachten Kinder Bilder? Untersuchungen und Vorschläge zur Bildbetrachtung. 3. Auflage 1975.

Immisch, H.: Malen - Hilfe für Kinder. 1975.

Kaiser, G.: Kunstunterricht in der Eingangsstufe. Aufgabenpassagen aus den Bereichen Zeichnen, Malen, Formen, Bauen. 1973.

Kampmann, L.: Kampmann, L.: Aufforderung zum Experiment. 1977.

Kindermalhaus. Arbeit mit Kindern im Kunstmuseum Düsseldorf. Eine Dokumentation. Texte, Berichte, Fotos. O. J.

Kinderspiel, Das. Texte versch. Autoren. Hg. v. A. Flitner. 1973.

Kindertheater und Interaktionspädagogik. Hg. v. M. Klewitz und H.- W. Nickel, Beiträge versch. Autoren. 1972.

Kläger, M.: Das Bild und die Welt des Kindes. Ein monographischer Bericht über die Bilder zweier Kinder vom 2. bis zum 14. Lebensjahr. 1974.

Kläger, M.: Malen und Zeichnen. Reihe: Die Kindertagesstätte. 1992.

Kluge, K.-J./ Patschke, U.: Spielen, Spielmittel und Spielprogramme zur Förderung behinderter Kinder und Jugendlicher. 1976.

Knopff, H. J.: Kunstunterricht und Sinnesschulung im Vorschulalter. 1974.

Koppitz, E. M.: Die Menschendarstellung in Kinderzeichnungen und ihre psychologische Auswertung. 1972.

Kramer, E.: Kunst als Therapie mit Kindern. 1975.

Kreativität und Schule. Texte. Hg. v. G. Mühle und C. Schell. 1971.

Kreativitätsforschung. Hg. v. G. Ullman. 1973.

Kube, K.: Spieldidaktik. Darstellung aller spielerischen Probleme mit zahlreichen Spielmodellen. 1977.

Kuhn, M.: Aktionsbuch. Kreative Kommunikation in der Gruppe. Für Freizeit, Fortbildung, Therapie und Alltag. 1975.

Kutschera, V.: Spielzeug. Spiegelbild der Kulturgeschichte. 1975.

Landau, E.: Psychologie der Kreativität. 3. Auflage 1973.

Liepmann, L.: Sehen, Hören, Riechen, Tasten. Das Kind und die Welt der Sinne. 1975.

Lindsay, Z.: Bildnerisches Gestalten mit behinderten Kindern. 1973.

Löscher, W.: Der Wind, das himmlische Kind. Spiele und Materialien zum Thema Naturerscheinungen. 2. Auflage 1989.

Löscher, W.: HÖR-Spiele. Sinn-volle Frühpädagogik. 5. Auflage 1994.

Löscher, W.: RIECH- und SCHMECK-Spiele. Sinn-volle Frühpädagogik. 5. Auflage 1994.

Löscher, W.: (Hrsg.) Vom Sinn der Sinne. Spielerische Wahrnehmungsförderung für Kinder. 1994.

Löscher, W.: Sand und Wasser. Spiele - Geschichten – Reime – Bilder. 3. Auflage 1989 (vergriffen).

Löscher, W.: Schwingen, Spuren. 1973.

Löscher, W.: Kritzeln, Schwingen, Spuren. 1973.

Löscher, W.: Schreiben lernen. Schreibschule für den Erstunterricht. 1977.

Mayrhofer, H./Zacharias, W.: Projektbuch ästhetisches Lernen. 1977.

Mayrhofer, H./ Zacharias, W.: Neues Spielen mit Kindern drinnen und draußen. 1977.

Matussek, P.: Kreativität als Chance. Der schöpferische Mensch in psychodynamischer Sicht. 1974.

Mensch und Spiel in der verplanten Welt, Der. Beiträge einer Vortragsreihe der Bayerischen Akademie der Schönen Künste. 1976.

Meyers, H.: 150 bildnerische Techniken. Nachschlagewerk. 1966.

Mühle, G.: Entwicklungspsychologie des zeichnerischen Gestaltens. Grundlagen, Formen und Wege in der Kinderzeichnung. Neuauflage 1977.

Oerter, R.: Moderne Entwicklungspsychologie. 1973.

Ozinga, C.: Die schöpferische Belebung des Kindes durch die bildende Kunst. 1971.

Piaget/Inhelder: Die Entwicklung des räumlichen Denkens beim Kinde. 1971.

Polyästhetische Erziehung. Klänge – Texte – Bilder – Szenen. Theorien und Modelle zu einer neuen pädagogischen Praxis. Hg. v. W. Roscher. 1976.

Read, K. H.: Handbuch des Kindergartens. Organisation, Curriculum, Lehrmethoden. 1975.

Richter, H. G.: Anfang und Entwicklung der zeichnerischen Symbolik. Eine Gegenüberstellung der Theorien über den Ursprung und Verlauf der bildhaft-symbolischen Aktivitäten im Kindes- und Jugendalter. 1976.

Rollenspiel als soziales Entscheidungstraining. Von F. R. und G. Shaftel. Übers. aus dem Amerikanischen und neubearb. v. C. und W. Weinmann. 1973.

Rollenspiel in Erziehung und Unterricht. Hg. v. W. Wendland. 1977.

Rollenübernahme und Kommunikation bei Kindern. Von J. H. Flavell u. a. Deutsche Ausgabe 1975.

Rüssel, A.: Das Kinderspiel. Grundlinien einer psychologischen Theorie. 1977.

Schetty, S. A.: Kinderzeichnungen – eine entwicklungspsychologische Untersuchung. Eine Vergleichsuntersuchung. 1974.

Schiefele, H.: Lernmotivation und Motivlernen. 1974.

Schmidtchen, S./Erb A.: Analyse des Kinderspiels. Ein Überblick über neuere psychologische Untersuchungen. 1976.

Schwarz, M./Stangl, K.: Bildnerisches Gestalten und Werken mit Vorschulkindern und Schulanfängern. 1978

Seitz, R. (Hrsg.): Masken. Bau und Spiel. 4. Auflage 1991.

Seitz, R. (Hrsg.): SEH-Spiele. Sinn-volle Frühpädagogik. 5. Auflage 1994.

Seitz, R. (Hrsg.): TAST-Spiele. Sinn-volle Frühpädagogik. 7. Auflage 1994

Seitz, R. (Hrsg.): Spiele mit Licht und Schatten. 1984.

Seitz, R.: Zeichnen und Malen mit Kindern. Vom Kritzelalter bis zum 8. Lebensjahr. 7. Auflage 1995.

Seitz, R.: Was hast du denn da gemalt? Wie Kinder zeichnen und was Eltern, Erzieherinnen und Lehrkräfte dafür tun können. 1995.

Seitz, R.: Ästhetische Elementarbildung. Ein Beitrag zur Kreativitätserziehung. 1974.

Seitz, R./Summerer, H. (Hrsg.): Kann man Gott malen? Schöpferische Glaubenserfahrung im Kindergarten. 3. Auflage 1986.

Spiel, Das. Untersuchungen über sein Wesen, seine pädagogischen Möglichkeiten und Grenzen. Von H. Scheuerl. 1973.

Spiel- und Begegnungszentrum Fideliopark München. Projektbericht 1975.

Spiel in der Entwicklung des Kindes, Das. Entfaltung des Unterbewußten im Spielverhalten. Von P. Moor. 1973.

Spiele des Kindes. Von Jean Chateau. 1974.

Spielplatzhandbuch. Kritisches Lexikon. Hg. v. K. Spitzer, J. u. R. Günter. 1975.

Spielzeug - und wozu es gebraucht wird. Katalog der Austellung im IDZ Berlin. 1975.

Stahel, N.: Das Erkennen seelischer Störungen aus der Zeichnung. 1973

Staudte, A.: Ästhetisches Verhalten von Vorschulkindern. Eine empirische Untersuchung zur Ausgangslage für ästhetische Erziehung. 1976.

Strauss, M.: Von der Zeichensprache des kleinen Kindes. 1976.

Stuckenhoff, W.: Rollenspiel in Kindergarten und Schule. Eine Rollenspieldidaktik. 1978.

Stuckenhoff, W.: Spiel, Persönlichkeit und Intelligenz. Anleitung zum intelligenzfördernden Einsatz von Spiel, Spielmaterial und Rollenspiel bei Kindern. 1975.

Theorie des Kindergartens und der Spielpädagogik. Von G. Heinsohn und B. M.C. Knieper. 1975.

Theorien des Spiels. Hg. v. H. Scheuerl. Erw. und erg. Auflage 1975.

Widlöcher, D.: Was eine Kinderzeichnung verrät. Methode und Beispiele psychoanalytischer Deutung. 1974.

Winnicot, D.W.: Vom Spiel zur Kreativität. 1974.

Wollschläger, G.: Kreativität und Gesellschaft. Neue pädagogische Methoden am Beispiel der Jugendkunstschule Wuppertal. 1972.

„Sinn-volle Frühpädagogik"
Die erfolgreiche Reihe

Rudolf Seitz (Hrsg.)

SEH-Spiele
116 Seiten, zahlreiche Abbildungen, kartoniert

Wolfgang Löscher

HÖR-Spiele
96 Seiten, zahlreiche Abbildungen, kartoniert, mit Tonkassette

Wolfgang Löscher

RIECH- und SCHMECK-Spiele
100 Seiten, zahlreiche Abbildungen, kartoniert

Rudolf Seitz (Hrsg.)

TAST-Spiele
112 Seiten, zahlreiche Abbildungen, kartoniert

_____

Wolfgang Löscher (Hrsg.)

Vom Sinn der Sinne
Spielerische Wahrnehmungsförderung für Kinder
156 Seiten, zahlreiche Abbildungen, kartoniert

Zahlreiche anregende
Spiele und Aktionen zur
Wahrnehmungsförderung
mit Kindern bis etwa
acht Jahren;
für Kindergarten, Hort,
Heim, Gruppe, Grund-
schule und Familie.
Alle Spiele sind in der
Praxis erprobt.

DON BOSCO VERLAG · MÜNCHEN

Wichtige Titel für die Arbeit mit Kindern

Eine Auswahl aus unserem Programm

Rudolf Seitz
Was hast du denn da gemalt?
Wie Kinder zeichnen und was Eltern, Erzieherinnen und
Lehrkräfte dafür tun können

Rudolf Seitz
Zeichnen und Malen mit Kindern
Vom Kritzelalter bis zum 8. Lebensjahr

Rudolf Seitz/Heinz Summerer (Hrsg.)
Kann man Gott malen?
Schöpferische Glaubenserfahrung im Kindergarten

Rudolf Seitz
Phantasie und Kreativität
Ein Spiel-, Nachdenk- und Anregungsbuch

Maria Caiati/Svetlana Delač/Angelika Müller
Freispiel – freies Spiel
Erfahrungen und Impulse

Wolfgang Löscher
Der Wind, das himmlische Kind
Spiele und Materialien zum Thema Naturerscheinungen

Hana Vyrolová/Rudolf Seitz
Phantastisches Papiertheater
Zum Basteln, Spielen und Träumen

Eva Reuys/Hanne Viehoff
Feste kreativ gestalten
1000 Ideen für Kindergruppen

Eva Reuys/Hanne Viehoff
Freizeit mit Kindern gestalten

Beatric Koloska/Ingrid Markert
Keine Zeit für die Prinzessin
Kasperlspiele zu Kinderproblemen

Thorsten Böhner
Der gestohlene Geburtstag
Originelle Kasperlstücke

Rita Diepmann
Tri–tra–trallala
42 neue Kasperlstücke für den Kindergarten

Magda Schubert
Kasperl verzaubert uns
Spieltexte für Kinder von 3–8

DON BOSCO VERLAG · MÜNCHEN

Hermann Gschwendtner
Kinder spielen mit Orff-Instrumenten
Anleitung – Themen – Modelle

Elisabeth Wagner
Quacki, der kleine freche Frosch
37 lustige Klanggeschichten für Kinder von 3–8

Elisabeth Wagner
Herr Blubberplop, der Wassermann
Neue Klanggeschichten und Lieder

Elisabeth Wagner
Orff-Instrumente kennenlernen
Ideen zur Jahresplanung mit Klanggeschichten, Liedern und Tanzspielen

Elisabeth Wagner
Sehen – hören – spüren
Sinnesspiele für Kinder von 3–8

Volker Rosin
Itzibitz – Die Liedermaus
Neue Kinderlieder mit Geschichten im Jahreskreis

Volker Rosin
Die Liederwiese
40 Lieder, Spiele und Ideen für Kindergarten und Grundschule

Volker Rosin
Das ist unsere Welt
Neue Lieder für Kinder von 3–10

Elfriede Pausewang
130 didaktische Gruppenspiele für Kinder von 3–8

Elfriede Pausewang
150 Spiele für eine zukunfts- orientierte Erziehung

Bitte fordern Sie unsere Prospekte an!